Roberto Jorge Payró

Antología

Barcelona 2024
Linkgua-ediciones.com

Créditos

Título original: Antología.

e-mail: info@linkgua.com

Diseño de cubierta: Michel Mallard.

ISBN tapa dura: 978-84-1076-087-5.
ISBN rústica ilustrada: 978-84-1076-086-8.
ISBN ebook: 978-84-1076-084-4.

Sumario

Brevísima presentación

La vida

Roberto Jorge Payró (1867-1928) fue un destacado escritor, periodista y político argentino conocido por su prolífica producción literaria y su compromiso con las cuestiones sociales y políticas de su época. Nació el 17 de septiembre de 1867 en la ciudad de Mercedes, en la provincia de Buenos Aires, Argentina.

Desde joven, Payró mostró un interés por la literatura y la escritura. Estudió en la Universidad de Buenos Aires y se graduó como abogado en 1890, aunque su verdadera pasión siempre estuvo en la escritura y el periodismo. Comenzó su carrera periodística trabajando en diferentes diarios y revistas de la época, donde escribía artículos y crónicas sobre temas políticos y sociales.

En 1898, Payró fundó y dirigió la revista "Caras y Caretas", una publicación emblemática que abordaba temas de actualidad, política, literatura y cultura. La revista se convirtió en un medio influyente en la Argentina y contribuyó significativamente a la difusión de la cultura y el pensamiento de la época.

Como escritor, Roberto Jorge Payró incursionó en diversos géneros literarios. Es conocido por sus cuentos, novelas y ensayos. Sus obras a menudo reflejaban su compromiso con las cuestiones sociales y su visión crítica de la sociedad argentina de su tiempo. Entre sus obras más reconocidas se encuentran "El casamiento de Laucha" (1906), "Divertidas aventuras del nieto de Juan Moreira" (1910) y "El falso inca" (1914), entre otras.

Payró también incursionó en la política. Fue un defensor de la causa del radicalismo y apoyó a figuras políticas como

Hipólito Yrigoyen. Durante su vida, ocupó diversos cargos públicos, incluyendo el de diputado provincial y nacional. Su compromiso con la justicia social y sus opiniones políticas se reflejaron tanto en su labor periodística como en su participación en la arena política.

Roberto Jorge Payró falleció el 5 de noviembre de 1928 en la ciudad de Buenos Aires, dejando un legado literario y periodístico que sigue siendo relevante en la historia cultural argentina. Su obra literaria y su contribución al periodismo lo convierten en una figura destacada de la literatura y el pensamiento crítico de su país. Su capacidad para abordar temas complejos con un estilo ameno y accesible lo convierte en un referente literario y social de su época y más allá.

Crónicas

Conservas de Chicago

6 de agosto

Tomando el aire y el Sol, después de la semana de trabajo, paseaba ayer tarde en Palermo uno de nuestros libreros más conocidos; y como en aquel momento paseáramos también, solos y distraídos, junto al vistoso desfile de los carruajes y entre el gentío multicolor de los veredones, la oportunidad nos pareció de perlas para una conversación informativa o si se quiere interviú.

Podría renovarse el antiguo refrán, diciendo con más justicia, aunque no de un modo infalible: «Dime lo que lees y te diré quién eres.» Siempre es un dato sociológico interesante el de las lecturas preferidas en un país cualquiera, y mucho más en el propio. De saberlo tratamos en la charla provocada en aquella avenida de las palmeras, que el viaducto del ferrocarril al Rosario ha cerrado en mal hora como una verja, en el sitio mismo en que el horizonte indefinido del Plata daba más valor a su perspectiva.

El comerciante nos contó que el negocio de librería va bien, aunque no se gane tanto como para mostrarse muy satisfecho. Esta seña es mejor de lo que parece. En el comercio hay frases hechas desde tiempo inmemorial: «todo marcha admirablemente», quiere decir, por lo general, que se está perdiendo plata; «no cubrimos los gastos», suele significar que el negocio es de oro, pues como no es bueno tanto a los posibles competidores ...

Particularizando, el comercio de novedades literarias, traídas en corto número de ejemplares, proporciona una utilidad tanto más crecida cuanto mayor es la actividad del librero y sus corresponsales de Europa. El primero a quien le llega un libro, vende fácilmente la remesa toda, si su casa es algo frecuentada. El libro clásico tiene, en cambio, poquísima venta.

La literatura, sobre todo la novela, es lo que más se busca. Vienen después —muy lejos— los libros de viaje, de cuentos, de teatro. Al último las obras científicas especiales, las de filosofía, sociología, etc.

Un dato que nos llama la atención:

—Los libros de Anatole France se venden por centenares.

—¿Y cuántos los leen?

—Mi función termina en cuanto la obra sale del mostrador —contesta discretamente el librero.

En fin, léanse o no, esto de la compra es un homenaje que el público rinde al ingenio, a la espiritualidad, al buen gusto, a la amplitud de miras. No hay que quejarse; peor es nada.

—Pero el gran negocio de libros es, en la actualidad, el de las ediciones económicas de novelas, hechas en España y en Francia (reediciones) —nos dice nuestro interlocutor—. Son las obras que alcanzan mayor difusión, si es que en ello influya su mérito sino su baratura. No puede competirse. El número de los aficionados a leer crece visiblemente, pero sus . recursos no mejoran ni su criterio tampoco.

Y nos da detallados informes acerca de la invasión de los malos libros, peor traducidos, que desbordan de Buenos Aires sobre las ciudades de provincia, las aldeas apartadas, y llegan acarreados por los mercachifles, hasta los últimos rincones del país, allí donde no se creería encontrar un lector ni con la linterna del cínico, ni con el microscopio de Pascualón con el que veía cuanto se le antojaba.

Esta literatura, que muchos juzgan inocua a pesar de que es gravemente malsana, porque no hace sino estimular las bajas pasiones y los gustos groseros, se difunde como podría difundirse la más elevada, no porque sea la preferida en realidad, sino en razón de la eficacia del vehículo que la propaga: la edición económica.

El editor europeo es un Armour peor que el yanqui, pues está alimentando a nuestro pueblo de embutidos y conservas intelectuales hechos con toda clase de elementos y desperdicios, sin otro fin que el de vender mucho para ganar muchos pesos varias veces al año. Quince, veinte mil ejemplares, permiten vender a precio irrisorio, y ¿qué le importa al mercachifle que va de aldea a aldea, el valor moral de un libro, si se le vende a él en forma que le permite darlo barato y ganar un 100 %? ¿Y cómo no ha de preferir el editor los malos libros y las pésimas traducciones, cuando ello disminuye en gran manera sus gastos de producción? El cliente, por su parte, no se niega a leer una obra maestra (y hasta la preferiría a la corta o a la larga), si se la ofrecen en las mismas condiciones de una de Montepin o de Ponson du Terrail; pero éstos y otros tienen a su favor la incalculable ventaja de la baratura.

Preguntamos, interesados, por el remedio posible.

El único está en hacer ediciones económicas de buenos libros y competir vigilante y diligentemente con los editores españoles que no tienen, como no tiene la Packingtown, por qué preocuparse ni de la higiene ni de la salud de sus clientes. Ahora bien: la competencia es difícil, pues dichos editores cuentan con toda la América latina para colocar sus productos, mientras aquí el mercado es muchísimo más estrecho, y para hacer negocio hay que ganar bastante en cada ejemplar y no céntimos en innumerables ejemplares, como ellos pueden hacerlo, realizando al fin grandes beneficios.

¿De modo, que el libro nacional se vende poco? —preguntamos, pasando a otro punto.

Más que antes.

Esto es vago; pero el librero no quiere aclarar mejor el concepto. Sin duda sigue apreciándose más el «comed beef» de Chicago que el pobre puchero argentino sin sofisticaciones. Y esto nos hace recordar lo que meses antes nos decía un impresor.

—Yo haría ediciones que compitiesen con las europeas en cuanto a precio. Pero es el caso que, so pretexto de facilitar la instrucción del pueblo, se deja entrar libre de derechos toda clase de libros, hasta pornográficos y escatológicos, mientras que todos los elementos para hacerlos aquí, desde el papel hasta los tipos, pagan un derecho intolerable, prohibitivo, que nos ata las manos ...

Comenzaba la retreta y los troncos de los brillantes carruajes trotaban ya hacia el centro, seguidos por los rocines sin aliento de las victorias alquilonas. Era hora de volver y nos despedimos del librero desconsolador, haciendo votos porque un Roosevelt, nacional o extranjero, nos infunda el santo horror de las conservas intelectuales para la exportación ...

La casa de los que no la tienen

18 de septiembre

Cuando nos llega del extranjero algún alto, distinguido o siquiera mediano representante de la literatura, la poesía, el teatro, el periodismo u otras ramas relacionadas con las letras, sus colegas de Buenos Aires no tienen dónde recibirlo dignamente.

Los últimos casos nos lo han hecho palpar de una manera incómoda, si no ridícula: para reunirse y festejarlos, escritores, periodistas y poetas han tenido que llevar a sus huéspedes a la fonda.

Era el único campo neutral, el único centro accidentalmente intelectual, el único salón en que pudieron hacer los honores, como en su casa.

Todos los significados de este hecho, por cualquier faz que se le mire,. son deprimentes para Buenos Aires; pero como estas líneas van dirigidas precisamente a los que lo saben, no nos detendremos a enumerarlos ni a hacer resaltar el pésimo concepto que sobre nosotros reflejan.

La causa de esta falta de un hogar intelectual consiste, exclusivamente, en que la familia de los que trabajan con el pensamiento está desunida y dispersa. No ha comprendido bien, todavía, el interés común que la une, aunque ya todos los gremios de trabajadores se han acercado, vinculado y formado corporaciones de diversa índole, pero cuyos propósitos primordiales consisten en tener representación y defenderse mutuamente, defendiendo la colectividad y alzando su nivel en el concepto público.

Los trabajadores de la inteligencia tienen en todas partes dónde reunirse y dónde propender a su mejoramiento general; en Montevideo, sin ir más lejos, existe desde tiempo inmemorial un Ateneo, donde se recibe a los huéspedes ilustres y donde se hace un poco de comercio intelectual.

Aquí lo hemos tenido también, pero desapareció, después de llevar vida precaria durante sus últimos tiempos. Creemos que esto ocurrió porque el concepto de la institución era equivocado y —si se nos permite la palabrase prestaba en demasía a la bambolla. Lo que se creara hoy, para tener vitalidad, requeriría mucha mayor modestia, sobre todo en un principio. Después, soplando vientos prósperos, podría pensarse en ampliaciones.

Un circulo literario que participara de los atractivos de un punto de reunión, de un club, si se quiere, y de las ventajas positivas de una sociedad como la de Gens de Lettres y de Auteurs Dramatiques de París, eso es lo que a nuestro juicio necesitamos.

Como punto de reunión, serviría para cambiar ideas diariamente y para no tener que llevar a la fonda, como hoy pasa, a cualquier extranjero distinguido, y como sociedad práctica, dividida en secciones, defenderla los derechos y deberes de los escritores, de los autores dramáticos, que hoy están atados de píes y manos, a la merced de empresarios y editores.

El trabajador intelectual, salvo en las ramas científicas —¡y aun en esto! — se halla completamente aislado y en una especie de ostracismo social. No cuenta siquiera con un hogar, ni aun con un sitio en qué reunirse con sus colegas, si no es el punto en que trabaja o el café. Sin embargo, un adarme de buena voluntad de cada uno haría que, en breve, se levantase la casa de los que no la tienen.

El hogar intelectual

26 de septiembre

La idea que lanzaron ustedes en una «Crónica» de la semana pasada— nos dijo el escritor y autor dramático que nos visitaba anoche—, merece no ser echada en saco roto, sino llevada inmediatamente a la práctica. Los que escribimos y predecimos debemos tener nuestra «casa», el hogar intelectual, el punto de reunión, el centro de donde irradie nuestro esfuerzo y la defensa de nuestros derechos e intereses. No abandonen ustedes la idea; propáguenla, conviértanla en iniciativa fecunda ...

—Ya nos han llegado algunas cartas en este sentido —le contestamos—; sabemos también que la idea no ha producido mal efecto entre literatos, escritores y periodistas, pero como ese apoyo es todavía escaso y lejano, creemos que no habrá llegado todavía la oportunidad de defender nada, ni de recibir a los intelectuales extranjeros que nos visiten, en otra parte que en la fonda ...

Es una apreciación equivocada; la idea ha caído en buen terreno, y muchos estamos dispuestos a ponerla en vías de realización. Nuestra apatía general, ya que no se trataba de nada bien concreto, ha encontrado pretexto en ello para no moverse. Pero, si se hubiera citado a una reunión, por ejemplo, si Sé hubiese convocado una asamblea, otra cosa sería: el Círculo Literario estaría fundado ya.

Eso no nos toca a nosotros. Dimos la idea por lo que vale. Si conviene a los interesados, que la recojan y la realicen. Nos alegraremos mucho, y propiciaremos el movimiento en la mejor forma posible.

¿Quiere decir que a nosotros nos toca la iniciativa?

Pues.

La tomaremos, entonces, porque mucho nos va en ello, no solo a causa de la carencia de un salón intelectual en qué reunirnos, sino también a causa de la situación deplorable en que se encuentran casi todos los que viven de las letras o quisieran dedicarse a ellas, después de ensayos más o menos felices y aun de trabajos que en cualquier otra parte del mundo les hubieran procurado honra y provecho.

Nos contó, enseguida, lo que tenemos archisabido: la falta de editores o su condenable avidez cuando se encuentran como por casualidad —avidez que despoja al autor del fruto íntegro de su esfuerzo— bajo promesas falaces y apariencias engañosas; la propiedad literaria indefensa, a merced de todo el mundo, presa de los mercaderes poco escrupulosos; la injustificada carestía del libro argentino, causada por los derechos prohibitivos a los materiales de imprenta, mientras el libro extranjero, hasta los pornográficos y escatológicos entran al país sin pagar un centavo; la transcripción libre en la república entera del trabajo periodístico una vez publicado; la imposibilidad de escribir, fuera de los diarios, sin tener rentas, un empleo de gobierno, y quien publique —el congreso o los editores usurarios—, el yugo que las empresas teatrales ponen al cuello de los autores, esclavizándolos con sus famosos «adelantos» o comprándoles las obras que las enriquecen por unos cuantos centavos; la orfandad total del que escribe; la aparición de un creciente y lastimoso proletariado intelectual...

Este cuadro interesante, pero triste, le dio motivo para terminar diciendo:

El Círculo Literario no sería una panacea inmediata para todos estos males, pero tendría desde luego la virtud de mejorar notablemente la situación. A la queja individual, por completo estéril, sucedería la acción colectiva de defensa: la solidaria protección de la propiedad literaria y teatral, el fomento de la producción, el trabajo reivindicatorio ante el ejecutivo y el congreso, la conquista de todas las protecciones directas e indirectas a que tenemos derecho ... El simple acto de fundar «la casa» fundaría «la familia», y estoy seguro de que ese «hogar intelectual» traería consigo frutos tan prácticos, tan positivos y tan hermosos, como la «Société des gens de lettres», cuando se fundó en París en 1838, y cuya organización deberíamos copiar en cuanto se refiere a los derechos e intereses de los autores ... Lo repito: deben ustedes insistir en la idea.

Lo haremos. Pero la iniciativa corresponde a los interesados.

Bien, estamos de acuerdo en cuanto a eso. Sin embargo, hay que salir del círculo vicioso: tratamos de crear un punto de reunión, lo que quiere decir que nü lo tenemos; y esa es la dificultad. Yo seré el primero en enviarles mi adhesión: recíbanla, con las demás que vengan, dígannos luego quiénes somos los que estamos dispuestos a realizar la idea, y después... después ya sabremos cómo ponernos al habla y dar principio a la obra.

Prometimos hacerlo, y estamos cumpliendo la promesa, como se ve. Al despedirse, y dándonos un apretón de manos, nuestro visitante exclamó:

—¡Ah! y no olviden ustedes de establecer bien claro que no se trata de fundar una Academia ...

Una nueva profesión

17 de noviembre

¡Oh! no se trata de una invención criolla, ni mucho menos. Entre nosotros se inventa poco, fuerza es confesarlo, quizá debido a nuestra tierna edad de pueblo que no alcanza aún a los cien años.

Ni se trata de una profesión realmente nueva.

El hecho es más modesto, pese a su rimbombante calificativo, dictado por la moda y el efectismo periodístico: es la aclimatación entre nosotros de un oficio de largos siglos existente, de vez en cuando muy honrado en otros países, y que también se ha practicado aquí pero sin título de profesión ni cosa que lo valga.

En fin, y para ser breves: nos referimos a la profesión de escritor, que acaba de apuntar en nuestro horizonte, hecho que se nos permitirá señalar, con tanta mayor justicia cuanto que en estas columnas se inició el movimiento concretado anteayer en la fundación de la Sociedad de Escritores, punto de partida de muchísimas «cosas futuras».

La de escribir no ha sido profesión oficial entre nosotros hasta ahora, por más que hubiese y haya un puñado de profesionales de la pluma. Aún hay quien sostenga que se debe escribir solo en los «ratos de ocio», como se fuma un cigarro. Lo sostienen, lo practican y... ¡así sale ello! Fundados en lo que aparentemente hacían los antiguos, y dando un sentido directo a simples figuras de retórica, creen que se hace un libro en diez minutos, sin caer en cuenta de que los «ratos de ocio» de un Horacio o de un Ovídio eran... ¡toda la vida! ...

En suma, no hay que tomarlo demasiado a mal: pasada la época de las luchas por la idea, la reacción nos ha llevado al extremo opuesto de aquel bello lirismo. La gente es excesivamente positiva.

Por eso ocurre lo que antes señalábamos.

Uno de los pocos hombres que viven de su pluma sin ser periodistas, y que no tiene más profesión que la de escribir, nos ha contado los apuros en que se viera cada vez que le fue preciso prestar declaración, salir de padrino, inscribirse, figurar en el censo, justificar el uso de su derecho a la vida en una palabra.

—¿Profesión?

Aqui las vacilaciones, las dudas, el rubor, el miedo de que se le replicara que tal oficio no existe.

—Decir «escritor» me parecía tan ridículo como la ocurrencia de aquel que ponía en sus tarjetas de visita: «Fulano de Tal, pasajero de primera clase del vapor

Como contraposición existe el caso del general Mitre que se inscribió como «tipógrafo», cuando podía invocar con igual derecho otros títulos ... Esto nos hace recordar también el dicho famoso de la noble dama francesa que exclamaba refiriéndose a Juan Jacabo Rousseau:

—¡Será posible que se haga caso a un hombre que escribe en una bohardilla y se alimenta con papas! ...

Porque en todas partes se han cocido ... papas, íbamos a decir, aunque aquí por arrobas, sin duda por ser producto americano... Solo que en la República Argentina estamos aún en los «tiempos de antes» y a cada paso se repite, con circunstancias agravantes, esta anécdota contada por Chanfort: D'Alembert, que ya gozaba de la más grande reputación, hallábase en casa de madame du Deffant, donde estaban, también, el presidente Hénault y el señor de Pont-de-Veyle.

Llega en esto un médico llamado Fournier, que al entrar dice a madame du Deffant:

—Señora, tengo el honor de presentaros mis humildísimos respetos ...

Luego, al presidente Hénault:

—Señor, tengo el honor de saludaros... Al señor de Pont-de-Vey le:

—Señor, soy vuestro humilde servidor.

Y a D'Alembert, secamente:

—Buenas tardes.

En Buenos Aires el médico (y más aún si hubiese sido banquero o cosa que lo valga), hubiera completado la gradación no saludando al escritor, ni con las buenas tardes.

«Oficio que no da de comer a su amo no vale dos habas», decía Sancho, y hemos repetido muchas veces, porque entre nosotros no solamente no vale dos habas, sino que anula por completo al que lo ejerce. ¡És tan f ácil ganar dinero, que quien no lo gana, resulta necesariamente, para el concepto público, una perfecta nulidad! ...

¿Cambiará este estado de cosas la Sociedad de Escritores? No vacilamos en afirmar que sí. La unión dignificará a los profesionales. La defensa decidida y justiciera de sus intereses, hará que se reconozcan sus derechos. Y cuando haya quienes vivan decorosamente de lo que escriben, variará el fondo y la forma de las cosas.

Y al ir a inscribirse, a declarar, etc., cuando se pregunte:

—¿Profesión? —podrá contestarse sin cortedad:

—Escritor.

Los derechos de repórter

24 de agosto

Las fiestas con que se recibió a Mr. Root y cuyos ecos no se han extinguido completamente todavía, resultaron un tormento para los repórteres.

En ningún país civilizado se desconocen los derechos de la prensa tanto como aquí —es sabido—, pero nunca, hasta ahora, se había llevado ese desconocimiento a límites semejantes. Las mismas cortes europeas son mucho más solícitas y amables con los periodistas a quienes los soberanos brindan, gustosos, acceso a sus salones, pasaje en sus trenes, camarote en sus buques, cuando dan una fiesta o realizan un viaje. Y si esto pasa en las monarquías, ya puede imaginarse lo que será en las repúblicas del viejo y del nuevo mundo, desde que es indiscutido artículo de fe la influencia de los diarios y lo imprescindible de la publicidad en todo aquello a que se quiere dar movimiento y vida.

Piense el lector lo que hubiese resultado la recepción de Mr. Root sin el concurso de la prensa, y deberá confesar que habría perdido, por lo menos, un 50 % de su esplendor, si no llegaba a convertirse en fiambre, no bastando para animarla, por cierto, las simpatías latentes y sin cohesión hacia la gran república. Y maravíllese luego al saber que la prensa, lejos de ser solicitada en la ocasión, recibió un trato casi podría decirse hostil, y, sin casi, desatento y frío.

Los mismos que hubieran puesto el grito en el cielo, si los diarios se hubiesen mostrado esquivos con la fiesta, hicieron caso omiso de los repórteres, como si pudiese, sin ellos, haber información. Probablemente será porque entre nosotros se aguardan los bombos de generación espontánea, como que bailes hay sin invitaciones para los cronistas, aunque se espere la crónica, como en los banquetes no tienen cubierto los periodistas si no se lo pagan, aunque se les crea en el deber de publicar la noticia, dar la nómina de los concurrentes, extractar, por lo menos, dos o tres discursos ...

Esto no se haría jamás con la prensa europea: antes pasarían en él el más suntuoso de los saraos y la más opípara y elegante de las comidas.

En París, por ejemplo, no solo se invita y se suplica a los repórteres, sino que luego se agradece (cuando no se paga hasta una simple mención, no ya una crónica completa, en los diarios.

Aquí, donde el término medio debería imperar, se hacen las cosas justamente al revés que en Francia. Ni se invita, ni se paga la publicación. Y esta anomalía se ha extremado, sobre todo, en las últimas fiestas. Todo el mundo, como de acuerdo, lo repetimos, llegó casi a la hostilidad con la prensa, comenzando por la policía. Ésta, con muchas precauciones para evitar la intromisión de personas extrañas a los diarios, para librarse de «colados», si . se nos permite la palabra, dio a los repórteres tarjetas individuales intransferibles, con las que podrían recorrer los puntos de la ciudad donde se efectuaban las fiestas, y donde el acceso y la circulación estuvieran reglamentados. Pues bien, la policía desconoció estos pases y fue la primera en burlarse de ellos.

En la función de gala dada en el teatro de la Ópera, las localidades de

la prensa fueron suprimidas; más, se distribuyeron a otras personas de tal modo que ni pagándolas podían recuperarse. A bordo del Vigilante, cuando el paseo por el puerto de la capital, los repórteres fueron admitidos, «tolerados». Pero peor que si no lo fueran. Se les confinó en un rincón del buque, y allí se les mantuvo, creemos que hasta con centinela de vista. Para el suspendido baile del Jockey Club, los diarios principales no recibieron sino una sola y única invitación, como si para la crónica de una fiesta de tal magnitud bastara con los datos que puede recoger una persona. Por lo visto, pocos son los que se dan cuenta de la cantidad de trabajo y el número de individuos entendidos que exige no ya la confección de un diario entero, sino la de una cualquiera de sus secciones informativas.

Probablemente no faltará quien crea que las crónicas de sport, por ejemplo, que los lunes suelen llenar una página de son la obra de uno o dos hombres, sin parar mientes en que la ubicuidad no se ha difundido todavía tanto que permita a un simple mortal hallarse en veinte sitios al mismo tiempo.

Y esto, que parece una exageración rebuscada, es lo que han demostrado creer loS organizadores de los festejos a Mr. Root, quienes, en vez de aligerar la tarea periodística, la obstaculizaron de mil modos y con empeño digno de mejor causa, alegando que «como algunos repórteres suelen conducirse mal» debíase condenar a muerte a todos, dejando a los diarios huérfanos de información ...

Es evidente que tal sistema no puede continuar, y toca a los diarios mismos exigir su abolición, y conseguirla —cosa más fácil de lo que parece, porque sin los diarios no hay... notoriedad.

¿Y quién se condena a la modestia forzosa? ...

¿Quién paga las huelgas?

Declarada la huelga general, hablamos ayer con uno de los obreros disidentes, es decir, con uno de los que no tomarán parte en ella sino en último caso, obligados por sus camaradas que adoptan y practican el procedimiento jesuístico del «compelle intrare».

¿No es usted huelguista? —le preguntamos.

No.

¿Por qué?

Porque este movimiento obedece a algo que no está a la vista, créame— lo usted. De nada no se hace nada, y los obreros no se han lanzado a la huelga general porque sí; tienen una esperanza. ¿Cuál? La de un apoyo, la de un refuerzo, la de que su agitación llegue a tener vastas proporciones, a ser una revolución. El diario anarquista lo dice bien claro: llama a éste un «momento solemne», y añade esto, lea usted.

Nos tendió un diario señalando este parrafito: «A los anarquistas es a quienes toca ser nervio del presente movimiento, pensar sobre el actual momento histórico para obrar en consecuencia. ¡Anarquistas! ¡Aprestémonos al presente movimiento que tiene tintes rojos, tintes de aurora revolucionaria!»

Y nuestro interlocutor agregó a manera de corolario:

—¡Revolución! ¡Los anarquistas! Ellos que vienen peleándose como perros y gatos y que ni siquiera pueden costear un diario, a pesar de dar funciones extraordinarias y todo ... ¡Que no embromen! Y después hay que hacerse una pregunta: ¿quién paga las huelgas?

—¡Ah, bueno! ¿Y la respuesta?

La respuesta es muy sencilla, pero para llegar hasta ella se necesita dar muchos rodeos. Porque la primer consecuencia de las huelgas parecen siempre sufrirla los patronos.

¿Los patronos?

Sí; y a los pocos días quienes resultan sufriéndola son los mismos obreros. Pasa con las huelgas lo que con los impuestos. Hasta los destinados a los artículos de más lujo pesan sobre los pobres. Ese «rebote» acabamos de verlo una vez más con la cuestión de los fósforos. Les estamos pagando la huelga a las fábricas, sin chistar, con el aumento de precio del artículo ... Los camaradas lo vienen advirtiendo —pero no muy claro—, desde hace tiempo, y a eso se debe que ahora pidan indemnización por los días de «paro». Pero eso no basta, porque el aumento de precio en cualquier artículo, desde una simple caja de fósforos hasta el más costoso, viene a encarecer nuestra vida, aunque al fin de la huelga se nos aumente el salario y se nos paguen los días muertos. Con tanto esfuerzo ¿sabe lo que hemos ganado en realidad estos últimos años? ¿Lo sabe?

Los sueldos mejores y el trabajo menor.

La diferencia de sueldos se la lleva la carestía de las cosas, y más también. Yo, y, como yo, millares de camaradas, vivimos hoy lo mismo que antes, porque si la tarea se concluye más temprano, para pagar al propietario de la casa, al carnicero, al verdulero, al panadero y al lechero, tenemos que buscar trabajo extraordinario o ir amontonando deudas hasta donde alcance el crédito, que no va muy lejos, de veras.

De modo que según usted, esta huelga general...

No conducirá a nada, no. En primer lugar porque no se propone nada práctico, porque no pide nada que se traduzca en mayor bienestar para los obreros; y en segundo lugar porque nadie compensará las privaciones que empezamos a sufrir y que aumentarán a medida que la huelga se prolongue. Los ricos no carecen de nada, absolutamente de nada en estos días, y salvo un poco de intranquilidad, la huelga no les hace mella. Ellos gozan de las mismas comodidades, de la misma abundancia, quizá con un poquitito más de gasto que recuperarán después aumentando los alquileres si son propietarios, el precio de los artículos sí son industriales y todas las cosas en general sí practican el comercio. Así se ha hecho siempre, y no se comenzará ahora a hacer lo contrario. Así se hace, para compensar los impuestos mayores a los artículos de lujo ... En cambio, entre usted en una casa de pobre. Entre usted en la mía, por ejemplo. Estamos temblando de quedarnos mañana sin leche para los chiquilines, sin carne y sin pan para nosotros. ¡Ah! nosotros, a la corta o a la larga, y generalmente desde el primer momento, somos los únicos que pagamos las huelgas ...

¿Por qué las hacen, entonces?

Por decoro, por amor propio, porque no se nos tache de «carneros».

¿Carneros?

Precisamente así se llama a los que no siguen sin discusión las órdenes más o menos disfrazadas de los dirigentes, a los que no quieren ser ciegos instrumentos.

Pero ríanse de esa apreciación ridícula que ustedes mismos entienden así.

Y nos reímos mientras es posible, mientras no corremos peligro de algo peor. Porque, garantizada en apariencia la libertad del trabajo, ¿quién se libra de un mal golpe al dar vuelta una esquina o al retirarse a su casa? ...

Mañana, si «las papas queman», yo también abandonaré el trabajo, maldiciendo esta nueva tiranía ignorante que se nos impone en nombre de la libertad, tan ignorante que está sirviendo de instrumento y arma a otros burgueses quizá peores que los que hoy manejan el país.

¿Y los jefes natos del partido, los que por su saber y su conciencia estarían llamados a aconsejar a ustedes?

Nadie les hace caso. El otro día se trató de no admitir a los «intelectuales» en ningún partido obrero. Y son los que corren más peligro en estos alborotos.

En suma, ¿usted no es partidario de la huelga?

De ésta, no. Es como si me preguntara usted si me gusta que los chicos se queden sin comer porque al secretario general de mi gremio no lo han saludado otros en la calle con el sombrero en la mano. ¡Ahora, si estuviera en juego mi libertad, o mi pan de cada día, yo sería el primero en echarme a la calle para defenderlo! Pero darme el lujo tonto de creerme unos días un personaje, para pasar luego con los míos hambrunas y dificultades, ¡eso sí que no me cabe en la cabeza!

Y luego, terminando, subrayó:

Nosotros, solo nosotros pagamos las huelgas ¡hasta las que no hacemos! Yo trabajo, pero cuando acabe el paro sufriré sus consecuencias como si no hubiera trabajado, y peor que los promotores de la huelga, porque nuestros «dirigentes» vienen retirándose año por año, a hacer vida burguesa, con casas de comercio, hasta con empleos de gobierno, y a ellos nunca, pero nunca, les falta ni pan en su casa ni un peso en el bolsillo con qué pagarse la copa después de un discurso incendiario.

Una extraña suerte de escamoteo

Hablamos ayer con un obrero sobre las cuestiones de actualidad. Un obrero argentino no es ya lo que hace veinte años, sino un hombre que lee y digiere más o menos bien sus lecturas, un hombre que se ocupa de algo más que de su taller y de su casa, y que ha contraído el hábito de pensar y discernir. Un obrero extranjero —si no se trata de un campesino rudo, es decir, sí no es uno de la mayoría— se encuentra en análogas condiciones, superiores. a veces. Pero el que nos ocupa es hijo del país.

¿Está de huelga? —le preguntamos después de sentarnos juntos a tomar el fresco: soplaba una brisa agradable.

Sí —nos contestó.

¿Como anarquista o como socialista?

Hombre, no sé. A estas horas nadie sabe a qué partido pertenece. Por mis ideas sería socialista; pero parece que me han hecho anarquista ...

—¡Cómo puede ser eso!

Muy sencillamente. Nosotros, los trabajadores, no aspiramos sino a una cosa: al mejoramiento de nuestra situación social. Con ese fin, humano y loable, que nadie puede criticar sin injusticia, nos agrupamos desde años atrás para trabajar juntos en dicho sentido. De este movimiento nacieron las primeras huelgas y las primeras sociedades de resistencia, formulándose programas de todo cuanto había que conseguir más urgentemente: son los programas mínimos del partido socialista que usted debe conocer.

En efecto.

Nosotros no sabíamos más que una cosa, pero esa la sabíamos perfectamente: que estábamos mal, y que era necesario mejorar. La sabíamos entonces, y ahora la sabemos mejor, porque hemos estudiado más. Bueno, pues; el programa mínimo es una buena cosa y, de realizarse, mejoraría mucho nuestra situación. Pero es demasiado grande para hacerlo en un día.

¡Claro! Vino uno y dijo: «Ya que hacemos esto, ¿por qué no hemos de hacer lo otro?» Y llegó otro y agregó otra cosa, y otro después añadió una nueva exigencia. Éramos pocos, no veíamos el lado práctico de la cuestión, y ya que pedíamos líricamente, tanto daba pedirlo todo de una vez ... Así nació el partido socialista que tardó diez años largos en conseguir un diputado con ayuda de vecinos.

—¡Ah! ¿Usted conviene también? ...

—¡Pero, señor! Si la elección fue tan clara, tan evidente ... Y ahora que se vota por lista otra vez, nos han cerrado el paso, y está mal ¡de veras que está mal! Deberían dejar que nos defendiéramos legalmente, que tuviéramos la representación que nos corresponde. Tanta más cuanto que...

Se interrumpió, nos miró con una sonrisa sugerente y luego agregó:

Tanto más cuanto que así se acabarían las agitaciones ridículas o inmotivadas. La actividad moral del obrero se dedicaría a algo mejor, se encarrilaría, tendría, en lugar de válvulas como ahora, pistones en que resultara útil.

A todo esto nos alejamos de la cuestión.

Al contrario. Estamos en ella. Bien, pues; se empezó a trabajar con el programa mínimo, lleno de agregados que serán realizables dentro de mucho tiempo, y, naturalmente, no se consiguió nada en los primeros años. Entonces surgieron los anarquistas, que hasta ese momento habían debido contentarse con vociferar alrededor nuestro. Dijeron, y no sin cierta razón, que los medios legales no servían de nada en un país donde no se respeta ni el derecho de votar; predicaron la acción, la violencia, el odio a toda autoridad; nos prometieron, después de una revolución, la conquista de la libertad absoluta, y como son hombres resueltos y sin asco, fomentaron algunas huelgas, consiguieron en parte lo que exigían y se rodearon del prestigio que da el éxito. Nosotros los trabajadores, que poco entendemos todavía de matices en las ideas, encontramos por una parte que el socialismo, o lo que creíamos de él, no conseguía nada, mientras que los anarquistas lograban algo siquiera. Y dejamos a los anarquistas que tomaran la dirección de nuestros grupos, no viendo que procedían simplemente como socialistas o aparentando que no lo veíamos ...

¿Por qué?

Porque los anarquistas dirigentes dirigen en cuanto hombres de acción, pero no en cuanto anarquistas, los escuchamos, los seguimos, pero... hasta por ahí no más. No somos tan tontos. Si usted hubiera leído las últimas proclamas y los últimos números de su periódico lo sabría tan bien como yo. No han hecho más que predicar la violencia y la revolución, con motivo de la huelga general. Y ya ve que nadie les ha llevado el apunte. ¡Claro! Lo que queremos, se lo repito, es ir mejorando, mejorando siempre nuestra situación material y moral, pero no empeorarla por la locura de algunos criminaloides que no ven más que sangre y disturbios o de algunos capitanes Araña que embarcan a la gente y se quedan en España, incitando a que otros hagan barbaridades mientras ellos pasan la vida gorda... Pero, la confusión de nuestros partidos nace de lo que ya le dije y no es más que superficial. Para mí, somos socialistas manejados por anarquistas hasta donde nuestra propia razón lo tolera. Y aun puede que seamos simplemente buenos demócratas, exasperados porque no tenemos cómo hacer, si no triunfar, por lo menos respetar nuestras opiniones y nuestra aspiración de hombres que quieren vivir como tales en una tierra libre. ¡Sí, señor!¡Que los cocheros del Rosario hubieran tenido la seguridad de que se haría caso a su protesta si era justa, y dígame dónde hubiera ido a dar esta huelga! A nadie se le hubiese ocurrido levantarse y yo mismo no niego que ese remedio cabe en las instituciones republicanas. Entretanto, dada la situación actual, ya ve usted como estamos:¡más parecidos a anarquistas que otra cosa! ¡Y es lástima!

¿Sabe —le dijimos— que si publicáramos esta conversación nos acuserían de haberla inventado?

—¡Bah! Dígales que hay cientos de obreros que saben mucho más que yo, y que los dejarían boquiabiertos conversándoles de libre cambio y proteccionismo o cosa así. Nos juzgan y creen en nuestra ignorancia completa por los discursos desatados de algunos compañeros impresionistas. Pero, hay muchos más qe se callan y estudian para saber bien dónde les aprieta el zapato y qué horma les conviene para corregirlo. Ésos no se lanzan porque sí a la huelga, como los muchachos rabaneros de hace veinte años, cuando había una pelea de camaradas en el bajo. Antes preguntan por qué, para qué, y si las razones no les parecen suficientes, solo abandonan el trabajo cuando se les impone la tiranía de los agitadores.

Y con gesto de enérgica protesta, agregó:

—¡Ah, la tiranía de los torpes y los ignorantes, peor que las otras, porque ni sospecha a dónde va, y porque no sabe de matices ni tolerancia que exige nuestra propia naturaleza! Me hacen recordar al guía muerto de los pobres ciegos ...

¿Usted también lee a Maeterlinck?

Nadie me lo ha prohibido... todavía.

Y el temor que encierra esta frase tiene su razón de ser: si hay quien

prohíba el trabajo, ¿por qué no la lectura, también, en nombre de la solidaridad de la ignorancia?

Lunes de carnaval

A la tarde el viento amainó un poco, pero no lo suficiente para que pudieran continuarse las operaciones de desembarco. Habíamos hecho honores a un gran puchero y a un buen asado de capón en casa de Tito, en el Quemado, y trabado más amplia relación con Marcelino Tourville, quien me prestó su caballo para ir hasta el depósito-alojamiento de la comisión de límites, y usarlo luego según me pareciera.

—Es un servicio inestimable, pues recorreré la costa, veré Misioneros, y me libraré del pedregullo —me dije—. Cierto que hace años que no monto a caballo, pero ¡bah! quien bien aprende, tarde olvida.

Hubiera deseado mayor tiempo para internarme algo en el territorio, pero ni podía perder el Villarino, so pena de quedarme allí un mes entero, ni podía tampoco adivinar que el viento iba a jugarnos la mala pasada que tenía en preparación.

Pero, otros dirán por mí el concepto que les merece aquella región, tierra adentro, y el primero será uno de los hombres que más han contribido, en épocas anteriores, al conocimiento de la Patagonia: el capitán Moyana que, refiriéndose a ella, dice:

«La zona vecina a la costa contiene pastos escasos, pero de una calidad especial que permite aprovecharlos para la cría de vacas, ovejas, caballos y cabras, y que la práctica ha probado soportar el clima de todo el año, y algunos retazos en los valles de los ríos y cañadas se prestarían para la agricultura, aunque no en grande escala. La zona central es menos apta a estos objetos, porque a la escasez mucho más acentuada de su vegetación, reúne la seria desventaja de que dando una prueba de su inhabitabilidad en esta estación, los mismos animales salvajes, como guanacos y avestruces y aves que a millones bajan en ella a las costas, tal vez no permita en ella la estadfa de los animales en el invierno, doblemente más crudo que el de la costa, por la elevación de las mesetas que la forman, y su distancia del mar, que tanto atempera el clima. La zona andina, o sea la zona montañosa, que empieza con los primeros contrafuertes de la cordillera, está caracteri

zada por espesos e interminables bosques de hayas antárticas, y una vegetación herbácea que satisfaría al estanciero más exigente.»

La reciente obra del doctor Moreno es más explícita en lo que respecta a la Patagonia Central, y los trabajos que él y sus colaboradores tienen en preparación arrojarán mucha luz sobre ella.

Pero, aparte de que era justo recordar al explorador citado —a cuyos trabajos he tenido que referirme ya—, sus consideraciones son de mucho valor, y merecen ser recordadas.

Darwin, que remontó con Fitz Roy el río Santa Cruz, y que si hubiera seguido todavía algunas de sus vueltas habría avistado y descubierto el lago Argentino, puesto que anduvo 224 kilómetros de su curso, y el lago estaba como si dijéramos al alcance de su mano, se expresa con mayor severidad y no sin cierta injusticia, acerca de la topografía de aquel territorio.

«El paisaje —dice— continúa ofreciendo escaso interés. La similitud absoluta de las producciones en toda la extensión de Patagonia, constituye uno de los caracteres más notables de este país. Las llanuras pedregosas, áridas, tienen en todas partes las mismas plantas achaparradas; en todos los valles crúzanse los mismos matorrales espinosos. Por todas partes vemos los mismos pájaros y los mismos insectos. Apenas si un tinte verde, algo más acentuado, corre por las orillas del río y de los arroyos límpidos que van a arrojarse a su seno. La esterilidad se extiende como una maldición sobre todo este país, y la misma agua que corre sobre un lecho de guijarros, parece participar de esa maldición ...»

La falta de víveres, más que otra cosa, hizo que Fitz Roy no siguiera adelante; otros más tarde lo hicieron, y por último ha tocado al perito argentino la honra de remontar a vapor el Santa Cruz —como aseguró que era posible en 1877—, de entrar al lago Argentino, de ir por el Leona, hasta el lago Víedma, sirgando solo unos veinte metros a la altura del cerro Fortaleza. Pero no adelantemos los sucesos, como se dice en las novelas de intriga, y recordemos que el doctor Moreno, sus ayudantes y sus peones, están todavía en el depósito de carbón.

Sin embargo, venía esto muy a cuento al hablar del territorio, pues contra lo que afirman los exploradores citados, el doctor Moreno, que no limitó sus trabajos al curso mismo del río, sino que estudió también sus márgenes en una extensión bastante vasta, ha encontrado —según mis noticias— campos espléndidos para pastoreo, y lo que es mejor, maderas en abundancia, y hasta minas de carbón de piedra (¿lignito?).

La navegabilidad del Santa Cruz era un problema de alta importancia, cuya solución va a entregar al trabajo y al progreso una nueva y vastísima zona, casi despoblada hasta hoy; sí el parásito de la especulación, que impide el desarrollo y ejercicio de las fuerzas vivas que están aún latentes en toda la Patagonia, no invade también aquella región, y sí el gobierno, tan descuidado siempre, la reserva hasta estudiarla y hallar el modo de entregarla a los pioneers que la hagan prosperar para bien suyo y del país.

No tengamos, por Dios, otra concesión Grünbein, ni se dé esa tierra a intermediarios cuya sola misión sería hacerla pagar más cara a los trabajadores, cobrando su influencia como mercadería, y contribuyendo así a desacreditar nuestros procedimientos administrativos. Hay que reaccionar; es necesario no descontar ya el porvenir, sino prepararlo para que sea más próspero .

... Santa Cruz debe su nombre a Magallanes, que lo descubrió el 26 de agosto de 1520, después del recio temporal que hizo naufragar una de sus naves. Pero durante muchos años no se ocuparon de aquel puerto los españoles, en cuyo nombre había tomado posesión de él quien estaba llamado a mayor gloria aún, el navegante de quien Camoens dijo:

Ao longo desta costa que tereis
Irá buscando a parte mais remota
O Magalhaes, no feito con verdade
Portuguez, porém nao na lealdade.

Según Pigafeta, el historiador de aquella expedición por tantos conceptos memorable, el puerto era bueno y seguro. D'Orbigny supone que más tarde hubiera cambiado, porque en 1746 la nave española San Antonio lo encontró impracticable a causa de la acumulación de arenas. Pero no ha habido tal cambio; el San Antonio no habrá logrado entrar a causa de la barra que solo puede pasarse cada seis horas; la enorme diferencia de las mareas, que he señalado ya, permite en pleamar el paso de buques de cuatro y cinco mil toneladas, sin el menor inconveniente.

Magallanes, sin embargo, pudiera haber hecho una pequeña variación profética en el nombre con que bautizó a esa Pesada Cruz para sus primeros pobladores... para los pasajeros del Villarino, y especialmente para mí, que en el overo de Tourville, abiertas las piernas como para desarticularlas sobre el ancho recado, y después de dar algunos galopes de aquí para allá, caí muy ufano al depósito, para averiguar cómo marchaban las cosas. Todo iba a pedir de boca, menos lo dependiente de la voluntad del río, que corría en forma de hacer inverosímil que pudiera helarse alguna vez, ni aun en el mismo polo.

—¿Por qué no va a Misioneros? —me preguntó el doctor Moreno.

—Es mi proyecto.

—Entonces, hágame el favor de ver si hay cartas para la comisión de límites.

—Con mucho gusto.

Bajé a tomar un mate, y ya comencé a notar que el recado no estaba hecho para mí o yo no estaba hecho para el recado. Disimulé como pude una manera de caminar que aún no me conocía, y traté de alejar de mi mente los tristes y dolorosos presagios que la asaltaban. ¡Caramba, un criollo, que ya en 1880 hacía largas etapas en Curumalal con don José María Muñiz! ...

Entre los visitantes semiforzados del depósito estaba el ingeniero Tapia, que:

—Si encontrara caballo, lo acompañaría con gusto —me dijo.

—Y yo también —añadió el comisario Martínez.

Encontraron: Martínez un jamelgo y Tapia una linda mula, trotona y falsa, como la del romance; montamos los tres y para llegar más pronto, echamos a galopar por el camino más largo. Fuimos de nuevo al Quemado, y desde allí, al trote, para gozar del paisaje, a la subprefectura, por la falda de los cerros que dominan el río.

—¡Pero qué andar tan duro tiene este animal! —Y recordaba, allá en mis adentros, la aventura que el día anterior había ocurrido a un joven francés, compañero de viaje, que tuvimos por muerto tres o cuatro veces. A la quinta, y después de recogerlo casi del suelo, no pude menos que decirle:

—*¡Mais vous vous faites mal!*

—*J'en ai eu bien d'autres ... au maneges ... et encore, le caporal etait-la, pour m' obliger a remonter en selle ...*

Y volvía a subir como si tal cosa.

Al pie de los cerros, riquísimos en fósiles, el camino es fácil y el río hace en la playa, un poco más lejos, caprichosos encajes. Misioneros no se ve, aunque se halle a menos de una legua, oculto como está por la punta de Witte. El viento parece haber dejado de soplar, quizá porque lo detienen las alturas que faldeamos.

—¡Pero qué andar de caballo!

¿Quiere la mulita? —me preguntó risueñamente Tapia.

La miré, lo miré... El es pequeño y no va mal en una mula como las excelentes llevadas en el Villarino, de cuya recua formaba parte aquélla. Pero yo... Mi montura, cuando pasé los Andes, parecía extraño fenómeno con seis extremidades.

—¡Muchas gracias! —contesté.

¿Quiere que regresemos?

—¡Qué esperanza!

Este modismo era trasunto de mi temor a una rechifla. ¿Y las cartas?

¿Dónde estaban las cartas? ¿Conque no había llegado a Misioneros?... Me encomendé a Pellicer, mártir en Santiago del Estero y ... ¡a galope para concluir de una vez! No sé cómo puede uno olvidarse de tal modo de andar a caballo. ¿Será el recado? ¡pues! ¡tan ancho! En una silla inglesa, menos mal...

Por fin se presentaron a nuestra vista las casillas negras del antiguo presidio, la habitación del subprefecto, menos tétrica, y la mancha roja del buzón federal, allí en la playa, donde nadie ba depositado nunca cosa alguna, si no es el viento las arenas y las piedrecitas que arrastra.

Nos apeamos a la puerta de las oficinas subprefectoril y postal, y nos recibieron el subprefecto Máximo Rivera y el ayudante y administrador de Correos a la vez. Mi modo de andar del depósito se había acentuado un tanto, pero aún era presentable.

—¿A usted lo manda —me preguntó el subprefecto.

—Sí, señor.

¿Y para qué?

Hombre ... para ver ... para observar ...

—¡Ah! ¿De modo que viene al

—En efecto, al *tuntún*. Siempre andamos así, y a veces es muy curioso ...

(Hay que recordar que estábamos en lunes de carnaval, y que era obligatorio divertirse en algo. Nunca falta quien suministre asunto.)

Recogí luego las cartas, montamos, y aunque fuera un poco tarde, Tapia y yo nos quedamos en la punta Witte para recoger algunos fósiles.

Desde Darwin se conocen esos fósiles, pesadas ostras que llegan a tener un pie de diámetro y que parecen enormes y cenicientos pasteles de hojaldre. El comisario Martínez siguió marchando al paso, para que lo alcanzáramos.

Llenamos de ostras las alforjas de la mula, que desgraciadamente tenía floja la cincha, y mientras armábamos un cigarrillo y cambiábamos impresiones, se preparaba la catástrofe.

—¡Cuidado! —gritó de pronto el ingeniero Tapia.

Y apenas lo hubo dicho, cuando sentí silbar junto a mi cabeza el más vigoroso par de coces que Cuadrúpedo alguno haya tirado nunca, y enseguida una loca, una furiosa carrera por las piedras de la loma.

—¡De buena se ha escapado! —exclamó mi compañero, que montó de un salto a caballo y se puso en persecución del espantado animal, que fue sembrando el suelo con ostras fósiles, bajeras, cincha y montura, dejándome boquiabierto, tan rápidamente se había desarrollado este final de acto.

¡Pero qué carnaval, señor!

Filosóficamente fui recogiendo las prendas de la montura, y luego me senté sobre ellas a contemplar las peripecias de la cacería en que Tapia se había empeñado. Triunfó, por fin, volvió haciendo cabestrear al animal, lo ensillamos y sin que mediara negociación alguna, él se quedó con el caballo, y yo lo seguí modestamente enhorquetado en la acémila, y todavía agradecido por no haberme quedado a pie.

Los fósiles, que fueron a buscar nuevo yacimiento, se quedaron por esa vez allí.

En el camino encontramos a Martínez, que volvía a ver lo que pasaba, y como se acercaba la noche, echamos por la quebrada playa, arribando felizmente al depósito. Cuando eché pie a tierra tuve que hacer heroicos esfuerzos para que no se me conociera la enorme fatiga, el dolor del cuerpo entero, desde los omóplatos hasta los tobillos.

A pesar del resultado un tanto negativo de mi cabalgata de ese día, pensé poner en planta un proyecto que mascullaba en mi interior, casi desde el principio del viaje: pedir permiso para agregarme a la comitiva del perito, y acompañarlo en su expedición a través de la Patagonia, para ir con él a Santiago y regresar de allí a Buenos Aires. En tal caso tendría que haber modificado el plan primitivo de la excursión, dejando para otra vez la intersantísima visita a Tierra del Fuego e Isla de los Estados. Como lo pensé lo hice, pero a la primera insinuación, el doctor Moreno me dio a entender que no tenía para qué exponerme a un fracaso seguro, solicitando claramente un favor que no me concedería. Y pues había observado ya con qué severidad alejaba a los que no pertenecían a la comisión, me di por entendido, y puse punto en boca. Más tarde, en Buenos Aires y de regreso, le pregunté si, en caso de insistencia, me hubiera autorizado a seguirlo.

—No— me contestó categóricamente.

Traigo esto a cuenta, porque algunos diarios de ultracordillera han hecho viajar al enviado de con los expedicionarios de la comisión de límites, criticando y dando por realizado lo que solo fue un proyecto periodístico muy natural, pero que ni siquiera se formuló. Y como no ha faltado tampoco aquí quien recogiera la especie, no estaba de más desvanecerla, aunque mi itinerario se haya encargado ya de ello.

...Pasando por alto otros incidentes de menor cuantía, cayó la tarde, amainó bastante el viento, y los pocos que en la playa estábamos vimos con júbilo que se desprendía un bote del costado del Villarino. Había que aprovecharlo y embarcarse. Nos despedimos antes de que la embarcación llegara a la playa.

¿Pero volverán? Vengan mañana a comer un asado al asador.

Sí, Pero bueno es despedirse ... por si acaso. Con estos vientos no sabe uno a qué atenerse, ni puede confiar mucho ...

Buen viaje, entonces.

Y deseando al perito Moreno que realizara la proyectada y felizmente resuelta navegación del Santa Cruz, nos lanzamos al bote, que tomamos por asalto, con un gran suspiro de satisfacción, aunque fuéramos a encerrarnos en círculo más estrecho: el barco.

La embarcación iba llena de gente, pero apenas golpearon a compás los remos y nos separamos de la orilla, cuando acudieron de varias partes a la playa, a todo correr, otros compañeros de viaje, a quienes no pudimos ir a tomar, por desgracia suya. Los rezagados suelen llevar la peor parte... y éste fue el caso, pues la calma que en ese momento aprovechábamos, era solo un precursor de una ventolera de dos mil y pico de demonios.

A bordo nos recibieron con grandes agasajos un sí es no es fisgones, pues los prudentes que no desembarcaron, se daban cuenta de que todas no habían sido rosas la noche anterior. Habían oído los tiros y visto la fogata, pero ¿qué hacerle con semejante tiempo? Los botes que ocupaban del desembarco estuvieron la tarde anterior en serio peligro; el chinchorro, con los que habían salido a pescar, en tremendos apuros, y la misma lancha a vapor no llegó sin esfuerzo al costado del buque. ¿Cómo ir en busca, entonces, de los que «andaban paseando»?

¿Y probó la picana con piedra? —me preguntó el segundo Méndez, que se había divertido mucho con nuestras aventuras diurnas y nocturnas.

¡Cómo quiere que saliéramos! Además, tendríamos que haber andado mucho para encontrar avestruces.

La picana con piedra es un plato indígena del que hablan primores cuantos lo han comido; consiste en la armazón posterior de un avestruz gordo —o flaco si no hay otro—, en cuyo interior se echa una piedra previamente calentada todo lo posible; luego se cierra la caparazón cosiendo la piel, que se ha dejado a ese objeto, y se pone el todo un rato al rescoldo. En un momento más la picana está hecha, se abre, y en la fuente natural queda un guiso exquisito —dicen cuantos lo gustaron—, en que los trozos de carne se bañan en una salsa que no podría imitar el más hábil cocinero.

Pero ese manjar, antes cotidiano en Patagonia, escasea hoy sobre la costa, porque los avestruces han ido retirándose hacia el interior, en un repliegue defensivo a que los han obligado los intrépidos e infatigables cazadores. Digo intrépidos, porque se necesita valor real para correrlos a rienda suelta, cuesta arriba y cuesta abajo, por campos cubiertos de piedras y guijarros, donde si no hace la vizcacha sus madrigueras, practica sus oscuras minas el *tucu-tucu* —más temibles, porque sus trampas no se ven, como las del otro roedor. Este avestruz —creo haberlo dicho antes— difiere de su hermano de la provincia de Buenos Aires, no solo en su carne, más apetitosa, sino también en varias particularidades, que lo han hecho llamar *Struthio Darwinii*, mientras el otro lleva el nombre de *S. Rhea*.

No se le caza entre muchos, como en las *boleadas* de nuestra provincia; en Patagonia suele un solo jinete ir con sus perros —esos extraños perros que solo se ven allí y en el Jardín Zoológico— y volver con varios ejemplares del enorme pájaro, cuya pluma se vende a buen precio, cuyos alones y *picana* se comen, y de cuya piel del pescuezo se hacen tabaqueras sacándola al estilo de las botas de potro.

Los perros —especie de galpos mestizos de largo hocico— adiestrados ya por el atavismo y perfeccionados por el ejercicio, tienen tan rara habilidad, que a veces cazan sin necesidad de ayuda; corren, matan el ave, y luego vuelven en busca del amo para conducirlo adonde está la presa. Pero éstos son excepcionales, y la mayoría se limita a retardar la carrera del avestruz y hasta detenerlo colgándose de él a pesar de sus patadas que rehúyen con agilidad pasmosa.

En cuanto a las costumbres del ave gigantesca de la Patagonia, nada digo, por cuanto han sido ya tan descriptas, que no incurriré en el exceso de volver sobre ellas. Corren como el viento, ayudándose con las alas; la hembra pone gran número de huevos que el macho incuba; sabe y puede nadar largos trechos, aunque no le agrade el agua; es muy curioso, y tiene un estómago ... de avestruz.

El guanaco, tan desconfiado como su vecino patagónico, y al mismo tiempo tan curioso como él, se caza en la misma forma, y son los perros los que hacen el mayor gasto en las partidas cinegéticas. Este animal, que Darwin señalaba como análogo en Patagonia al camello en Oriente, suele encontrarse en gran número en las más extensas, donde no hay agua en decenas de leguas a la redonda. Muchos afirman que bebe agua salada; lo cierto es que puede pasar mucho tiempo sin sufrir sed, y luego corre con tal rapidez, que no existen para él distancias demasiado largas. Ya hice referencia a la versión —que trato de comprobar— de que, a semejanza del camello, llevan un depósito de agua en el estómago. Es verosímil, puesto que se trataría de una adaptación al medio, en forma más perfecta que la poca o ninguna necesidad de beber de ciertos animales— hasta la misma oveja del territorio que se contenta con el rocío cuando no tiene otra cosa.

La caza del guanaco es de más peligro que la del avestruz, porque aquél, como la gamuza europea, trepa montañas y salta precipicios y grietas, poniendo en duro trance al jinete que lo persigue. Pero como los perros, los caballos se ha'n habituado a esa suerte de ejercicios, y no es raro verlos bajar a galope por una cuesta ruda y pedregosa, casi tan rápidamente como los cantos que hacen rodar sus patas, de tal modo que no se sabe a quién admirar más, si al noble animal o a quien lo monta.

El guanaco sirve para comer cuando no está muy cansado; la fatiga hace desmerecer mucho su carne, que en ese caso se acepta solo por necesidad.

En la región, y como recurso, hay también liebres —ya en menor cantidad que más al norte—, algunas aves, y el mismo tucu-tucu, que bien preparado es un aceptable manjar. Más al centro el el ciervo chileno, que cerca de la cordillera no teme todavía al hombre, o lo observa con la misma curiosidad del guanaco y del avestruz, pero más ingenua y confiadamente. Las grandes manadas de animales alzados, de que caza y come con tanto placer el habitante de la Patagonia, se han retirado mucho, y van en marcha hacia el sur. También con ese rumbo han ido las vacas, que antes vagaban por el territorio del Río Negro, rechazadas poco a poco por el hombre, que las persigue sin descanso.

Para la caza de estos animales, el perro es también poderoso auxiliar, y se adapta a ella con singular resultado, como se adapta a la del zorro, que abunda, pero que se toma preferentemente por medio de trampas, evitando así trabajo y gastos. Con la piel del zorro se hacen no tan estimados como los de guanaco y avestruz, y pues se necesitan muchos para hacer uno solo de esos curiosos tapices, esparcidos hoy por el mundo entero, no vale la pena de matar caballos y de cansar perros en su busca. Pero los canes suelen hacer esa caza por su cuenta y de pura afición, cuando la encuentran a tiro o la olfatean en las cercanías.

—¡Oh! yo no creía que estos animales fueran tan buenos cazadores, aunque me lo hubieran afirmado muchas veces personas serias y conocedoras del país.

Esto me decía un ingeniero francés que acaba de explorar aquella región.

Y me contó cómo un día, que —poco después de llegar— recorría el territorio, vio a lo lejos, a una distancia tal que era locura pensar en perseguirlo, un avestruz de gran alzada.

El perro que llevaba, y que era un hermoso ejemplar perteneciente a un explorador francés que lo había precedido, se puso a ladrar, como invitándolo a que lo siguiera. En lugar de hacerlo, ordenó a un peón que detuviera al animal, pero, como si hubiera comprendido, éste se lanzó a toda carrera, antes de que el peón se hubiera bajado del caballo, en dirección al avestruz y hasta perderse de vista... Largo rato después, y cuando el explorador creía que el perro se había escapado, volvió jadeante, y con sus ladridos, ora alegres, ora disgustados, tanto hizo, que un peón lo siguió hasta donde el avestruz yacía con el cuello fracturado por sus mordiscos.

Bastará, por ahora, de perros, cuando diga que en Patagonia sirven también, y con mucha fidelidad y eficacia, de pastores de rebaños. La escasez de yerba hace, como ya lo he dicho, que las majadas de ovejas tengan que esparcirse en vastísimos espacios, calculándose algunas veces, y en ciertos parajes, que se necesita una hectárea por animal. Para el hombre sería ímprobo trabajo rodearlas y recogerlas, pero el perro se encarga de ello y lo hace a las mil maravillas. Aún más: toma y detiene a la res que el amo le indica, y llena sus funciones con una seriedad y una competencia qué pocas veces se halla en los *puesteros* y peones de estancia, más aficionados al fogón que a la labor.

El comercio de quillangos tiene alguna importancia, y su factura ha ido perfeccionándose poco a poco. A los comunes que todos conocen, han sucedido otros hechos con ciertas partes especiales de la piel, como por ejemplo, la pequeña mancha color torcaz en la frente del guanaco, o las salpicaduras blancas del cuerpo y el pecho; este producto tiene que ser caro, pues cada quillango se compone de piezas cosidas entre sí, que no alcanzan a un decímetro cuadrado cada una. Combinando colores, se hacen también de bonitos dibujos simétricos.

Los indios los cosen con *tientos,* o fibras del mismo guanaco, y muestran en ese trabajo mucha habilidad; hechos así, los quillangos son de larga duración, doble o triple de la que alcanzan los de otra factura menos prolija y con materiales distintos. Una vez *sobadas* las pieles, y cosidas unas a otras, suelen los indios pintarlas del lado del revés con tierras coloreadas, haciendo algunos dibujos semigeométricos, en que el contraste de las tintas no deja de tener gracia.

Además de los quillangos de guanaco y de zorro, los hay —y pueden encontrarse en el comercio— de piel de avestruz; con sus plumas, naturalmente, siendo los más estimados, más hermosos, y de más alto precio, los hechos con las plumas más blandas y blancas, sobre todo los llamados de «avestruz de huevo», que se hacen solo con pichones, a costa de mucho trabajo y sobre todo de paciencia. Pocos ejemplares hay de esta clase, y si la moda se inclinara a ese lujo, no dudo de que el iría muy pronto a aumentar el catálogo de las especies extinguidas.

El precio a que pueden adquirirse en Patagonia misma —los quillangos inferiores, precio para los viajeros que pasan por los puertos y tienen el capricho de poseer uno— varía entre quince y veinte pesos papel; los especiales suben en proporción a su mérito, y algunos cuestan una fuerte suma.

Otro animal que, si no es característico de aquella costa y la correspondiente región mediterránea, frecuenta ambas habitualmente, es el cóndor de los Andes, que suele verse como un punto negro en las alturas, cerniéndose en busca de la presa que su extraordinario poder visual ha de indicarle. Remito al lector a los que han descripto antes al rey de las aves, ya científica, ya literariamente, y solo me permitiré hablar de unos cóndores

El señor John Wilson, vecino de Puerto Deseado, tuvo la buena fortuna de tomar varios cóndores pichones, que crió en su casa hasta su completo desarrollo. Naturalmente, siempre impidió que volaran, para que no se le escapasen —e ignoro, si para ello los tuvo encadenados de una pata, como se estila, o solamente enjaulados— y allí vivieron sus primeros años los «calvos moradores de la montaña».

Pero un buen día —también ignoro por qué— resolvió míster Wilson desprenderse de los esclavizados monarcas, y los regaló a una persona residente en Santa Cruz, que se los llevó a ese puerto y los tuvo algún tiempo en la subprefectura. Una mañana le avisaron que las aves habían desaparecido.

«La cabra tira al monte y el cóndor a los Andes» —dirán ustedes.

Pues no, señor. Cual modestas palomas mensajeras que vuelven al palomar paterno, los cóndores alzaron el vuelo, trazaron sus círculos cabalísticos en el aire, y de un solo golpe de alas fueron a dar a Puerto Deseado y a casa de Mr. Wilson, que, naturalmente, los acogió, como merecían. Repito que esos cóndores no habían volado nunca, lo que habla mucho en favor de su instinto, y que volvieron voluntariamente al cautiverio, lo que demuestra que podrían domesticarse si no fuera por

Ya me parece verlos de carteros en la Patagonia, llevando paquetes de impresos bajo el ala, como las palomas los livianos mensajes que se les confían. Eso sería mejor que hacerlos alzar muchachos en las garras, como hizo Julio Verne, o construir nidos como nuestro alto poeta.

«¡El cóndor mensajero!» Vale la pena repetir el ensayo que, sin pensarlo, hizo el señor Wilson, para lo cual podrían utilizarse los ejemplares que parpadean mustios en las jaulas de Palermo; solo que éstos encontrarían en la provincia de Buenos Aires muchos más pollos y gallinas en qué entretenerse, que sus filosóficos hermanos de la Patagonia, y puede que no volvieran a la querencia, como regresaron los que tenían allí la vida asegurada.

¡Qué diablos! no siempre se halla en las estepas patagónicas un cadáver de guanaco en qué cebar el pico: aunque sea más ayunador que Tanner y que Succhi,[1] también el cóndor ha de ser aficionado a comer todos los días. Si menos aún el cóndor, sobre todo cuando ha sentado su real en esos territorios, donde

1 Puede pasarse semanas sin comer, sin perder el vigor.

no he visto una sola mosca, ni para remedio ... es decir, en tierra, pues las que con nosotros venían en el Villarino

—y aunque Darwin diga lo contrario—, vivían en cámaras y camarotes, aunque decreciendo en número a medida que avanzábamos hacia el sur. Verdad que la doctrina del sabio inglés no queda contradicha por el hecho; al contrario. Si las moscas no se adaptan al medio patagónico, el transporte nacional está adaptado especialmente para su conservación y propagación... lo que no quiere decir —¡cómo ha de querer!— que sea sucio en demasía.

Observé algunas cuando volví esa tarde: estaban semiatontadas, pegadas a las paredes y especialmente al techo; su hora final se aproximaba. Y recordé entonces con cierto espíritu de venganza satisfecha, cuánto y con qué insistencia y de qué modo me habían fastidiado, incomodado, atormentado, cuando eran enjambre, al zarpar de la dársena y luego allá en alta mar, donde estaban de perpetuo jolgorio, sin soñar en la suerte que les aguardaba ...

...Aquella noche estuvimos de fiesta a bordo. Fiesta de marineros: acordeón, guitarra y baile, sin que faltara probablemente el trago echado a hurtadillas, pues a pesar de todos los reglamentos y de todos los castigos, la tripulación de nuestros buques se ingenia para procurarse licores, y suele hacer proezas que dejan chiquita a la famosa pesca de botellas de los mosqueteros. No sé de dónde sacaron aquellos alegres mozos ropas de mujer y otra indumentaria carnavalesca; es el caso que pronto aparecieron sobre cubierta varias parejas de máscaras y después de un paseo triunfal por todo el barco, rasgueó una guitarra, chilló un acordeón y dio principio el baile, a la luz de las lamparillas incandescentes, atrayendo a todos los pasajeros, para quienes ya cualquier cosa era diversión, y que formaron coro en torno de los grotescos bailarines ... Un cuadro digno de ser pintado: sobre el fondo negro de la noche, como estrellas, las luces del pueblito; una, titilante y vaga, allá a lo lejos, en Misioneros; la cubierta en la penumbra, creciente hacia proa, con la mancha blanca y violeta de una lamparilla incandescente; un grupo de figuras indecisas en lo oscuro; otra destacándose con vigor, vibrando colores, en plena luz; marineros sentados o echados en el suelo; pasajeros de proa hablándose y riendo a voz en cuello; oficiales de pie, con su traje galoneado, y en medio, girando al compás de la música áspera, los mascarones mal prendidos, con el rostro cubierto de hollín (que, dicho sea de paso, nos ha llovido el viaje entero)... Tal fue, después del de las mulas y la cabalgata, el famoso carnaval santacrucense, que por mucho tiempo me dejará recuerdos, gratos o ingratos, según me refiera al espíritu o al cuerpo.

Todo el mundo estaba alegre, menos la única pasajera de cámara, mis

Mary X, la joven inglesa que iba a Gallegos, a casarse. ¿Por qué? Misterio ... Ella tan risueña, tan jovial, en los días anteriores, melancólica y callada, apenas si se acercó al corro para dirigir una mirada mustia a los bailarines.

¿Qué tiene, miss Mary?

Nothing.

De pronto cambió completamente de expresión, iluminándosele el rostro, y se puso a hablar con mucha animación a un joven, compañero nuestro desde Buenos Aires, que le daba la réplica en un inglés mediano, pero muy sugestivo al parecer... ¡Acabáramos de llegar!

Sin duda en ausencia nuestra se habría hecho allí y estaríamos en pleno reinado de la intriga amorosa, aunque inocente.

Ella joven, sola, agradecida a las atenciones de que la rodeaba él, buen mozo y emprendedor ... No, no podía ser de otro modo, y más cuando la monotonía del viaje, el aire tibio y vivo, los efluvios del mar, la luz, la confianza de a bordo, todo había estado tomando parte semanas enteras en la muda complicidad de las cosas...

Medio derrengado, me senté en un banco a observarlos: no —¡Dios me libre!— por malsana curiosidad, ni menos por burlona indiscreción. Pero todo es materia de estudio, todo tiene un significado, todo contribuye a dar —al que sabe observarlo— idea del medio en que se halla, de los hombres que codea, de las peculiaridades que flotan a su alrededor, invisibles para la mayoría.

Y pensaba: Hé aquí una mujer que, dando muestras de verdadero temple de ánimo, viene de uno al otro hemisferio, en busca de su pareja, confiada en el varón, fuerte por sí misma, pero susceptible de cambios y adaptaciones inesperadas, sensible a las influencias externas, como el compás en los canales del Beagle, perturbado por la atracción de los minerales de hierro de la costa... Esta mujer, sentada frente a mí junto a un argentino que representa bien el tipo nacional, forma con él un símbolo de la fuerza de atracción de estos países y estas razas nuevas. Ella, de cualquier modo, sea que realice su proyecto matrimonial, sea que el inocente de hoy se desarrolle en novela más o menos interesante y efectivista, va desde luego a convertirse en pobladora de la Patagonia, tiene un significado histórico, es una nueva energía que colaborará desde hoy en la obra de las energías poderosas que allí trabajan. El, con su juventud, con su brío, con la corriente de simpatía franca y jovial que emana de los latinos de América, regenerados y reforzados por otras sangres más ingenuas pero más fuertes, viene a ser en el caso, representativo y útil; porque reúne nuestras cualidades de atracción, y tiene en su persona y en su modo de ser, la juventud, el desprendimiento, la despreocupación de nuestro país ... todo eso que a nadie daña sino a nosotros mismos.

Y esa mujer, libre como lo son sus compatriotas, que ni teme a las hablillas, ni cree peligroso conversar con un hombre —seguía yo reflexionando—, da, a bordo del Villarino y en pequeño, la nota tónica del progreso de esta región, que a mi juicio está llamada a ser, geográfica y sociológicamente, la homóloga de los Estados Unidos del Notte, pese a la ceguedad de los gobiernos.

Este fuerte sexo débil ha desalojado ya en mucha parte de la Patagonia a la india Tehuelche, de enérgica e inteligente raza, sobre cuyos —cada veZ más escasos— ejemplares, domina desde las estancias inglesas y alemanas, salpicadas en el desierto como núcleos de futura civilización. Ante ella, la mujer que llevaban los ejércitos de fronteras, y que allí quedó llenando sus funciones étnicas, y la mestiza que nació del contacto entre indios y cristianos, ceden palmo a palmo el terreno, que prepararon ha tiempo, como tipos de un período de transición. Vienen de fuera, al par de miss Mary, y en continua y poco observada inmigración, a cooperar en la tarea evolutiva, miembros femeninos de pueblos varoniles crecidos en climas análogos; de pueblos que ora han podido entonar el ora han dado florescencias intelectuales tan extraordinariamente poderosas como Escandinavia. Y —sin perjuicio de esoalla en Rawson, y en Gayman, y en Trelew, se forma desde hace años una ¿cómo diré? una especie de humano, cuyos productos están llamados a extenderse por gran parte de la Patagonia y a influir de una manera decisiva en el tipo de su población, como influirán —sin darse cuenta, pero no menos eficazmente por eso—, las semillas esparcidas y cuasi aisladas en toda esta zona inmensa. Invito al lector a considerar los nombres —solo eso— de los pobladores de aquella tierra, cuando, poco más adelante, inserte el plano del territorio de Santa Cruz con los establecimientos ganaderos que lo pueblan; y lo invito a que medite sobre ello, para arribar a la conclusión de que, en efecto, en Patagonia se prepara una raza distinta de la nuestra no solo porque el medio lo exige así, sino también porque los elementos que trabajan en su formación, los antepasados de los nietos por venir, son diferentes en absoluto de nuestros abuelos.

Aun los de esta generación hemos asistido como testigos oculares a transformaciones sociales de mayor cuantía, como por ejemplo, a la disminución y casi extinción del negro, no perdido en medio del número que creó la decuplicación de los habitantes de Buenos Aires, sino lisa y llanamente desaparecido por el mestizaje primero, y por la escasa vitalidad del mestizo después. Todo, usos, costumbres, hasta rasgos fisionómicos, ha variado de un cuarto de siglo a esta parte, en la capital como en la provincia, como en Santa Fe, como en toda comarca a que han afluido diversas inmigraciones. El gaucho de los alrededores fue suplantado por el en otra época, y hoy este mismo se funde en el pueblo común, sin características determinadas, porque el tipo general es indeciso todavía. Y en este centro la influencia era más difícil de ejercer, porque el plantel que lo formaba tenía acentuados rasgos propios, como que venía de una sola raza, y se había establecido bajo la superintendencia absoluta de ésta. ¿Cómo, pues, no prever lo que está preparándose en Patagonia? ¿Cómo creer que aquel almácigo —muy hoy, a decir verdad— va a producir plantas análogas a las que nacen y prosperan de este lado del río Negro?

¡Oh, miss Mary! ¡Si usted supiera el interés etnológico que tiene su persona, en su carácter futuro de antepasada!...

Sabía yo muy bien que mi compañera de viaje no emigraba por casualidad

y excepción hacia esas tierras. Otras la precedieron, otras la seguirán.

Las familias de estancieros ingleses y alemanes, gustan de ser servidas —aunque no hayan sido gentes fortuna en su país— con más corrección y delicadeza de la que puede esperarse y exigirse de los ásperos hijos de nuestra campaña, y generalmente traen de ultramar las personas que han de ocuparse de los servicios de dentro de casa.

Los ingleses, sobre todo, han introducido en Patagonia sus con un contrato que establecen generalmente, además de la soldada, el compromiso de pagar el viaje de retorno y otras recompensas, las obligaciones comunes en esa clase de trabajo, y la de que «no han de casarse» mientras dure el contrato, so pena de perder los salarios del término entero... Esto no puede impedir, y naturalmente no impide, que se casen cuando hallan un buen partido, cosa no difícil si se tiene en cuenta que en Patagonia escasea la población femenina, y que la masculina, crecida en relación, no es muy exigente ni de belleza ni menos de patrimonio. Las que no se casan mientras dura su regresan a Europa si tienen allí un compromiso preestablecido; pero en su mayoría se quedan, inducidas a ello por una fuerza de inercia aparentemente negativa, pero en este caso muy positiva y muy benéfica ... La naturaleza echa mano de medios complicados y a veces invisibles para arribar al resultado final que se propone y a que siempre llega. Hizo una raza de ovejas para la Patagonia; con facilidad igual, sin el concurso de sabios ni estadistas, está haciendo un pueblo ...

Y mientras estas ideas, informes aún, bullían en mi cerebro, se confundían con observaciones extravagantes y con recuerdos melancólicos, sin destacarse claras y aisladas como ahora; miss Mary y su galán seguían hablando dulcemente, en íntima confidencia, ajenos a la sospecha de que pudieran ser punto de partida de una meditación sobre las razas futuras, terminada en un sueño de lo porvenir.

Porque así terminé: Patagonia estaba ya poblada desde Viedma hasta la punta Dungeness, desde el Atlántico hasta los valles habitables de los Andes; cada puerto era un pueblo, cada caleta una aldea; luego la población se hacía más densa a medida que avanzaba a la falda de la cordillera, donde vivía con una vida intensa y pacífica, libre y feliz. Esos pobladores eran ya tostados y nervudos hombres de campo, derechos sobre el caballo o encorvados sobre la esteva, manufactureros vigorosos, leñadores, mineros ... Los trenes llevaban a la costa los productos de todo el interior. Por los grandes ríos que bajan de la 'montaña, iban y venían las chatas a vapor, llenas de mercaderías, de minerales, de maderas. Variaba el clima, brotaba el bosque hasta en el arenal, perdía Patagonia su fisonomía misteriosa y amenazadora, y de aquel territorio inculto y casi desierto, surgía una, dos tres provincias que reclamaban el con más razón que muchas otras, diciendo: «¡Ah! nos habéis dejado, y hemos crecido solas, por nosotras mismas, con nuestras fuerzas personales, sin ayuda, sin simpatía, sin educación casi, y hoy tenemos otro modo de ser, otras costumbres, otros hijos distintos de los vuestros. Y contad con que solo querernos ser estados dentro del Estado... Nos habéis dado gobiernos que han detenido nuestro progreso, preocupados solo, egoísta, delictuosamente, del progreso individual de los que los componían; nos habéis hecho permanecer largos, muy largos años, en un destierro que comercialmente nos acercaba a Inglaterra y a Chile más que a vosotros ... Ahora venirnos a daros la sorpresa de nuestra mayoría de edad, en que no pensasteis nunca, para la cual no nos habéis preparado ...»

Bien. Esto es pura fantasía. Pero, sea lo que fuere, ese ensueño se puede realizar, porque Patagonia, más que geográficamente, está alejada del resto de la república por la indiferencia.

Más aún: en los centros de población, los hijos del país se consideran extraños, cuando no enemigos. Han ido a ellos antes, van a ellos ahora, como se va a una tierra conquistada (¿es esto atavismo?), y pesar sobre los pobladores de otras nacionalidades con toda su autoridad delegada o usurpada, pues también suele crearse autoridades sin base legal. Dé ahí un retraimiento, una desconfianza por lo que procede de nosotros que se manifiesta claramente hasta en lo más mínimo.

Ejemplo de ello es que allí donde pueden ejercer los habitantes algún derecho político, lo ejercen haciendo abstracción de los argentinos. Así, en el Chubut, donde se eligen municipales, éstos pertenecen en su totalidad y genuinamente a la colonia galense, con exclusión de los ciudadanos de raza latina.

Pero nuestros gobiernos no tienen costumbre de considerar problemas políticos éstos cuyo planteo se inicia ahora, y dejarán que Chubut y Santa Cruz especialmente no afinen sus instrumentos para entrar acordes en el nacional. ¿Es esto para mal? ¿es para bien? ¡Quién sabe! Considero que allí se prepara una raza poderosa; que las fuerzas de la Naturaleza trabajan activamente, en colaboración con las fuerzas sociales que estári en perpetuo movimiento en todo el mundo y encuentran allí terreno nuevo y libre donde actuar y acrecer, y que hora es ya de no limitarse a considerar el cambio de un gobierno o la elección de un candidato, para que el pensamiento pueda abarcar mayores conjuntos y llegar a conclusiones más amplias y positivas.

Los adioses de Santa Cruz

A la mañana siguiente era el viento tan violento, que no se pudo acabar con el inacabable desembarco de las mulas.

Apenas si se botó al agua la hoy famosa lancha Thornicroff que ha remontado el Santa Cruz, pero con su caldera incompleta y sus adornos desdeñados, porque no hay paciencia humana capaz de resolver el rompecabezas de las piececillas accesorias e inútiles que hay que ordenar, como el forro de la regala, las bancadas de proa y popa y los lujosos enjaretados. Remolcada, la lanchita dio ya idea de sus buenas condiciones, quedó más libre la cubierta del Villarino y nosotros exonerados de una de nuestras preocupaciones.

De vuelta, un bote nos trajo tentadora invitación a no sé qué asado al asador de carne caponil, fresca y gorda; y relamiéndonos, tratamos el caso de conciencia de desembarcar o no desembarcar, de ir o de no ir, de comer o no comer, porque esta última era la disyuntiva entre. el famoso plato nacional y los platos antiinternacionales de a bordo.

—¿Vamos?

—¿Y si no podemos volver?

—Sí, pero ... ¿y el asado?

—Bueno ... ¿pero y el viento y la corriente? ... Acordémonos de ayer ...

—¡Vamos!

—Yo no voy...

Y en ese instante Eolo hinchó los carrillos y se puso a soplar con tanta fuerza, que imagino que tras de la arena volaron los cantos rodados de la playa, y tras éstos las ostras patagónicas, y después todo cuanto se levantaba sobre la superficie de la tierra.

Corría arremolinado y verde de rabia el Santa Cruz; en la costa nubes de polvo ocultaban el árido paisaje; algún remolino de arena erguía su línea opaca y móvil, más visible que el resto del cuadro, y súbitamente desaparecieron de la escena cuantas personas animaban la costa melancólica del río...

Supe después que los pocos pasajeros que permanecían aún en tierra, se habían visto obligados a quedarse en el sitio en donde estaban, pues salvo caso de fuerza mayor, no se hubieran atrevido a poner las narices afuera.

Pero, como todo tiene que acabarse, nuestro cautiverio santacrucense tuvo fin al fin, y una buena tarde nos hallamos todos a bordo, sin grandes desperfectos, dispuestos a zarpar y deseosos de hacerlo.

Sin grandes desperfectos, excepción hecha del doctor Luque, quien, almorzando en el depósito de carbón con el doctor Moreno y comitiva, quedó con la mano agujereada de una puñalada, en cierto encarnizado combate con una patria galleta ... Nos llenó de sangre el barco, palideció mucho, detuvo la hemorragia después de revolver todo el botiquín, y los aires salobres y saludables del extremo austral de América no tardaron en reponerlo después de la sangría.

Las que no pudieron reponerse fueron algunas docenas de fotografías que había yo tomado y cuya pérdida lamento aún. Los negativos procedentes de un foto-gemelo con objetivo Seis de Lepage, estaban cuidadosamente guardados a la luz de una lámpara roja en un estuche especial, negro y sin rendijas, donde la luz tenía rigurosamente prohibida la entrada. Pero no faltó mano de compañero curioso, o de mozo entrometido que destapara la caja y diera paso al enemigo de las placas sensibles. Total: perdí muchas vistas interesantes, de cuya catástrofe solo he venido a darme amarga cuenta acá. Lo siento, porque la falta es irreparable ...

...Todos los pasajeros estábamos en la borda agitando en el aire nuestros pañuelos; subía y bajaba lenta en la popa, la bandera azul y blanca; hervía el agua atrás, y en la superficie del río iba quedando un surco, como de tierra arada. Sobre el fondo negro del depósito de carbón movíanse coloreadas figuras liliputienses, y en el ambiente brumoso había olor y electricidad de sensaciones nuevas. Marchaba el Villariño. Quedábase Moreno y sus segundos. Y a aquel trapo que ondulaba a popa, al estridente silbido que una, dos y tres veces rasgó el aire, envuelto en tenue nube de vapor, contestó de pronto, mudo y solemne, flameando sobre el techo del depósito, otro paño blanco y azul, que más adivinamos que distinguimos y que hemos seguido con la vista hasta que se perdió en la bruma.

¡A Gallegos! íbamos a ver el último centro de población que la Argentina tiene en Patagonia, la capital de Santa Cruz, el pueblo que tarde viene a disputar la hegemonía a Punta Arenas.

¿Qué sorpresa agradable o desagradable podría guardarnos Río Gallegos? Pocas horas nos faltaban para saberlo y también para dar principio al fin de nuestro viaje por esa tierra austral argentina, ya que el remoto sur del continente está en otras manos, merced a la geométrica y curiosa raya del paralelo.

Despreocupado de la charla amena de los compañeros y de la música de Rinaldi, el maestro de piano del Villarino, que tocaba no sé qué barcarola sentimental, allá en cubierta me puse a revisar mi cuaderno de notas, para añadir las muchas que faltaban y no fiar demasiado a la memoria.

En la vida de repórter se observa a la larga cuán malos colaboradores son el lápiz y la cartera de apuntes. Un periodista habla con un individuo sobre cualquier cuestión interesante, le pregunta, está obteniendo de él datos preciosos, tiene toda la confianza y toda la locuacidad del interlocutor en favor suyo. Pero de pronto saca el *carnet,* esgrime el lapicero, y la fuente se ciega como por ensalmo. La confianza se trueca en temor, la locuacidad en reticencia, y los datos positivos, a veces, en rotundas negativas ...

No aconsejo a los colegas el uso de las notas, sino

Yo agregué algunas a mi cuaderno, entre otras una denuncia de vecinos caracterizados del Quemado contra un funcionario de la localidad, cuya denuncia, cubierta de firmas, tengo en mi poder, y dice:

«El comisario de este departamento comete los abusos y arbitrariedades que a continuación se expresan:

»Han ocurrido tres muertes violentas de hombres sin que la policía haya averiguado nada al respecto, aun teniendo conocimiento de ellas.

»El señor comisario ha establecido un despacho de bebidas a nombre de otra persona, donde todo individuo puede embriagarse impunemente y a su vista, sin sufrir castigo alguno, mientras que, si esto hace en otra casa de negocio, se le cobra una fuerte multa, o en su defecto, es castigado con prisión en un sucio calabozo.

»Las jugadas en todas las casas son prohibidas, y castigadas con multas, mientras que en la casa del señor comisario no solo son admitidas, sino que también se ha establecido un sistema de a favor de la casa, en la taba, el monte criollo y el choclón.

»Los gendarmes, que son solamente dos, los emplea el señor comisario en su servicio particular, y en apalear personas indefensas por el solo hecho de no haberse embriagado en su casa de negocio.

»Han sido enviadas muchas quejas al gobernador del territorio, sin que hayan sido atendidas.»

Este grito no ha de extrañar a nadie y ha de ser absolutamente ineficaz. Es el caso, o nunca, de la voz que clama en el desierto, y convencido de ello, no lo traería a estas páginas si no fuera prueba viva de lo que está consignado en el capítulo anterior.

Las autoridades que mandan el país, pueden hacerlo, por lo menos, antipático a la Patagonia. Los gobernadores no observan bastante las necesidades y las pasiones del pueblo que nace bajo su mano. Son indiferentes a sus quejas, fundadas o infundadas, y suelen sufrir que los desacredite un subalterno por no haberse hecho bastante accesibles a la masa, considerando alcurnia lo que por hoy solo podría compararse a una transitoria jefatura de tribu, o si se quiere que la modernicemos, a la dirección de una empresa agrícola, de una factoría, en que cada trabajador es moralmente un socio.

Iban esos vecinos de Santa Cruz a presentarse al Ministro del Interior, desesperando de hallar en el gobernador del territorio ecos a su queja. No era el camino. Además, quién sabe si habrán hablado de una manera tan categórica al Gobernador, en quien —lo creo— vivirá, pronto a exteriorizarse, el espíritu de la justicia que no se ha manifestado, solo por no presentársele la ocasión.

Y, al par de esa prueba de la tirantez existente entre los colonos y sus gobernantes, nos da el documento indicios de lo que es el comercio en aquellas regiones: el alcohol prima sobre las otras mercaderías, o por lo menos ocupa uno de los primeros lugares entre ellas. Es natural: esparcidos en una gran extensión de territorio, los pobladores de Patagonia van al con dinero en el bolsillo, o crédito que lo valga, no solo en procura de vitualla y ropas, sino también a divertirse en la posible manera, allí donde no abundan los sitios de recreo. La del gaucho pampeano, la famosa, teatro de dramas y sainetes, se ha trasladado allá con otro carácter, ha diezmado al tehuelche, y cobra diezmo crecido al trabajador patagónico, que deja en ella gran parte de su salario, si no todo.

El comercio de artículos de tienda está también muy comprometido, pues lo practican, al par de las casas especiales, los mismos establecimientos ganaderos, que mandan sus lanas a Inglaterra y piden que, a cambio de una parte de su valor, les envíen un o pacotilla de prendas de Vestir, que luego venden con poca ganancia a los peones que en ellos trabajan, tanto más fácilmente, cuanto que no se les cobra derechos de importación.

Este es uno de los grandes argumentos que tienen a su servicio los que se oponen a los puertos libres en Patagonia, como si el enriquecimiento de unos pocos negociantes equivaliera al bienestar de la generalidad de los que pueblan aquel suelo.

Claro que el importador que introduce grandes partidas de mercadería, puede hacer menos pesadas las tarifas aduaneras; pero tan claro como eso es que, no habiendo derechos, mejor para cada uno es tener los menos intermediarios que sea posible.

Luego después, Patagonia, no será ni en muchos años comercial sino por accidente; tiene funciones determinadas de productora, sobre todo en el ramo de ganadería, pues exceptuando el Chubut, la agricultura no prospera en ella aún. Los temores que por su comercio se abriguen, son extemporáneos, y pensar en proteger a los almaeneros y tenderos, es curarse en salud. Ya se protegen ellos solos...

Verá usted —me decía un hacendado de Santa Cruz—, verá usted cómo las provincias colonizadoras como Santa Fe, se oponen a que nos den los puertos libres, poniendo de relieve razones que no son las verdaderas.

¿Por qué?

Porque no les conviene decir la verdad, y hacen lo que dice el cantar criollo: hacen como el teru-teru.

que chilla lejos del nido
que no encuentren los huevos.

¿Y cuáles son las razones verdaderas?

Una, sobre todas: que si se declaran estos puertos libres, todos los colonos que hoy sufren al norte por la pérdida de sus cosechas, etc., se vendrían inmediatamente aquí...

Puede que acierte usted.

—Estoy en lo verdadero, y como decía «los hechos me justificarán ...»

He sabido después que, en efecto, las provincias agricultoras se opusieron en el seno de la convención, por medio de sus representantes, a las franquicias de los puertos patagónicos, logrando que no se les dieran. Pero aunque esa oposición no triunfara, la exigencia injustificada de las ya formadas y constituidas provincias del norte, hubiera hecho muy difícil, si no imposible dar ese decisivo impulso a los territorios del extremo sur. Pretendemos servirnos de la experiencia de Estados Unidos, y no acertamos a imitarlos en aquello que ha cooperado con más eficacia a su engrandecimiento, como las extraordinarias facilidades que dieron para poblar sus comarcas desiertas, y la absoluta libertad de que gozaron sus primeros habitantes. Aquí todas son trabas, y cuando el pioneer se lanza por fin a aquellos incultos y pobres campos, después de vencer dificultades sin cuento, encuentra en las autoridades el mismo afán de gobierno a todo trance que viviendo en un centro de civilización.

Y repito que no son aquellos hombres del mismo corte que los que trabajan en nuestras provincias: la necesidad les hace aguzar el ingenio, y la lucha tenaz por la vida, los prepara para todas las tareas.

Uno de Santa Cruz, llamado Charles Ross, realiza la síntesis del colono patagónico.

Este individuo, que habita el territorio desde hace muchos años, comenzó a abrirse camino en las condiciones más precarias que imaginarse pueda. Para adquirir un caballo, no teniendo dinero disponible ni de dónde sacarlo, dio al que se lo vendía, por pesos de trabajo.[2] Ross es al mismo tiempo herrero, carpintero, mecánico, maquinista ... y hoy alquila su caballo a tanta costa obtenido, por botellas de coñac o ginebra, nunca

2 Un caballo inferior, un cuesta aún hoy en Santa Cruz, Gallegos o Punta Arenas ¡cien pesos nacionales! En tiempo en que Ross obtuvo el suyo, los caballos escaseaban más y eran por lo tanto más caros.
En cuanto a los ochocientos pesos de trabajo, debo añadir que un peón cualquiera gana sesenta pesos mensuales por lo menos, amén de la comida. no es extraño verlos usar excelente ropa interior, llevada de Europa y que les cuesta relativamente poco, por no pagar derechos.

por dinero... Como él hay otros, y los antiguos colonos que vinieron del viejo mundo sin saber palabra de la nueva vida en que iban a iniciarse, se han convertido en camperos, jinetes y cazadores que corren el avestruz y el guanaco[3] cual si hubiesen nacido en plena pampa, y se han avezado de tal modo a las necesidades de aquella existencia solitaria, que hoy se bastan a sí mismos, y pocas veces tienen que recurrir a extraño auxilio. Solo reclamarían la acción de un gobierno, para libertarse de enemigos tales como los cuatreros, y eso simplemente porque no se les permite tomarse justicia por su mano, porque poco les costaría, como a los primeros habitantes del Far West, formar liga para perseguirlos y ahuyentarlos.

Uno de estos cuatreros, Asensio, no deja de ser original.

Hace sus incursiones dos veces al año, sin que la policía se preocupe mayormente, y roba caballos, ovejas, cuanto encuentra a mano, para volver después con toda tranquiladad a su escondite y prepararse para el siguiente.

3 El señor Onelli, miembro de una de las comisiones de límites con Chile, que conoce a fondo gran parte de la Patagonia, que hace poco ha regresado de una exploración y que inmediatamente emprende otra en busca de la subcomisión que se cree perdida, me suministra datos interesantes acerca de la matanza de guanacos por los indios tehuelches.
Estos indios, que actualmente se han refugiado al noroeste del territorio, abandonan do sus antiguos paraderos hacen grandes cacerías de guanacos, en la forma de acorralamiento que ha descrito Darwin pág. 178) o empujándolos hacia alguna quebrada sin salida.
El señor Onelli mé afirma que los indios han sacrificado este año y solo en campos del Chubut, guanaquitos de la última parición, cifra que a muchos parecerá extraordinaria, si no excesiva.
Pero los tehuelches tienen una tradición según la cual es el guanaco su verdadero cuerno de Amaltea. Dice la leyenda que «cuantos más guanacos maten, más habrá», de modo que no puede detenerlos en la matanza el temor o la previsión del día siguiente. Y como en las quebradas inaccesibles hay todavía millones de guanacos no perseguidos, claro está que considerarán verdadera la leyenda por muchos años aún.

Esto viene de tiempo inmemorial, y parece que continuará por largos años todavía, con gran detrimento de las ovejas, en balde tan prolíficas.[4]

Otro de los apuntes de mi cartera, hechos a bordo, después de la excursión por Santa Cruz, dice:

«He visto pocos indios tehuelches, y los pocos que he visto están tan asimilados a las costumbres comunes a nuestra campaña, que no pueden considerarse ya como genuinos».

Sus costumbres, su físico, hasta sus mismas creencias religiosas están bien diseñadas por los muchos exploradores de Patagonia, una vez desvanecida la leyenda de los gigantes que inventó Pigafeta, y que repitieron tantos.

El fantástico historiador de viaje de Magallanes, los decía de cuatro varas de estatura, invención que corre pareja con la de que los tehuelches hablaron con el diablo, casi en presencia suya, con la de que los pájaros del Pacífico se meten dentro de las ballenas, y con la de que un rey americano tenía dos perlas como huevos de gallina ...

Son efectivamente altos, bien formados, fuertes, y el quillango que constituye su único traje y que llevan como manto,

4 He oído poner en duda la facilidad de llevar ovejas de Malvinas a la Patagonia. Hasta se discute su baratura.
Ahora bien; Malvinas tiene campos muy pobres, que no pueden soportar numerosos rebaños sin detrimento de los mismos, y los hacendados tratan de mantenersé en una cifra prudencial, para no exponerse a perderlo todo.
El precio de una buena oveja es allí, como máximum, de seis chelines.
Los capones se venden de cuatro chelines cuatro peniques a cuatro chelines seis peniques, en muy buen estado.
Los compradores de ovejas gozan siempre del uso de la carne de capón mientras están en puerto, y un capón de regalo por cada tantas ovejas que adquieran.
Puede inducir en error el hecho de que en Punta Arenas sea caro el ganado ovino. Por otra parte, y contra la creencia general, todo suele ser caro en Punta Arenas.
Así, por ejemplo, yo he pagado sesenta centavos argentinos por un par de huevos de gallina.

no sin cierta gracia, los hace parecer de mayor estatura, como sucede con cuantos usan ropa talar. Son dolicocéfalos, es decir, tienen el cráneo oval en la parte superior, y más largo que ancho. Viven de la caza, en que demuestran gran habilidad; su inteligencia es clara, sus costumbres sencillas, y solo la civilización que les ha llevado el alcohol asesino, ha podido hacerlos degenerar. Pacíficos y bondadosos, han sido los amigos de los primeros europeos que visitaron la Patagonia, con quienes comerciaron, y a quienes sirvieron en muchas ocasiones. Los primeros navegantes —después de Magallanes—, los encontraron ya con caballos.

Respecto de ellos dice Darwin: «En tiempos de Sarmiento (1580) esos indios estaban armados de arcos y flechas que luego han desaparecido. Ya también entonces poseían algunos caballos. Hecho curioso éste, que demuestra con cuánta rapidez se multiplicaron los caballos en la América del Sur. Los primeros fueron desembarcados en Buenos Aires en 1537; la colonia fue abandonada durante algún tiempo, y los caballos volvieron al estado salvaje; ¡y en 1580, solo cuarenta y tres años más tarde, ya se les encuentra en las costas del Estrecho de Magallanes!»

En otra parte dice el sabio naturalista: «Sus grandes capas de guanaco (de los tehuelches), sus largos y flotantes cabellos, su aspecto general, les hacen parecer más grandes de lo que realmente son. Tienen por término medio seis pies de alto; algunos son más grandes; otros, pero en número muy escaso, más pequeños. Las mujeres son también muy altas. Esta es, en suma, la raza más grande que se haya visto. Sus rasgos se parecen mucho a los de los indios que vi con Rosas en el norte; tienen, sin embargo, un aspecto más salvaje y formidable: se pintan el rostro de rojo y negro, y uno de ellos estaba cubierto de líneas y puntos blancos, como fueguino.

El malogrado Ramón Lista, en uno de sus últimos trabajos, ha hablado bastante extensamente de la curiosa leyenda que los tehuelches relatan como historia de su raza. Lista, que fue gobernador del territorio de Santa Cruz, estuvo muy en contacto con esos indios, tanto que llegó hasta vivir entre ellos, valiéndose de medios que no son para contados ahora.

Dice que tienen en su mitología un ser fuerte, sabio, benéfico, creador del universo, a quien llaman autor de los techuelches o que animó a las fieras que infestan el mundo, reveló al hombre el secreto del fuego, le dio armas, abrigo e ideas morales, llega a la tierra desierta, vence al puma, al zorro y al cóndor. No vivo le arrancó del vientre de la madre sacrificada y quiso devorarlo, cuando un roedor auxilia y esconde al niño en su madriguera. *El-lal,* nómada, vence luego al gigante *Goshg-e,* pide la mano del hijo del Sol y es burlado. Se metamorfosea en pájaro entonces, y en alas de un cisne se aleja para siempre de aquella tierra ingrata.

Añade Lista que, según la tradición, procedía de Oriente, pero que también se le hacía aparecer por primera vez en la montaña.

Nosjthej padre de *E-lal* —escribe—, mata a su mujer, ábrele el vientre con tajante pedernal, y arranca al niño que ansía devorar; pero en tan supremo instante siente un ruido extraño bajo el suelo que se estremece, quédase suspenso y olvida al niño.

»Aparece entonces *Terguerr,* el roedor, que coge a *El-lal* y va a esconderle en el sitio más recóndito de su morada. En vano *Nosjthej,* repuesto de su sorpresa, intenta realizar su abominable propósito: sus manos chorrean sangre, la cueva es profunda y estrecha. Arde en su mirada la cólera salvaje; grita con voz que repercute en los Andes; pero todo es inútil: el dios seguirá creciendo al amparo protector de la tierra.

»*Nosjthej* vuelve los ojos extraviados hacia el cadáver sangriento de su víctima. ¡Oh, portento! Una fuente cristalina fluye del vientre herido... Y pasan los años, y los siglos se suceden a los siglos, y ahí está —frente a Teckel, camino de Ay-aike al

Senguerr— el manantial maravilloso, *entre,* en cuyas aguas se han bañado muchas generaciones de niños *Tzónekas.*

»Los primeros años de pasaron ignorados en la soledad del desierto. El roedor fue su sostén, le enseñó a comer yerbas, le abrigó en su nido de lana de guanaco, le hizo conocer los senderos de la montaña, siguió creciendo, inventó el arco y la flecha, y muy pronto dio principio a sus correrías vagabundas. Al volver cada noche a la cueva, llevaba algún pajarillo cazado con sus armas divinas.

»—Ten dudado —le decía el roedor—; las fieras son hijas de la oscuridad.

»Y se sonreía.

»Una mañana iba siguiendo el borde sinuoso de un torrente; de repente le acomete un puma enorme. Arma su arco, silba la flecha certera y va a herir en el ijar al cruel felino, que lanza un rugido pavoroso. Otro rugido le responde. se halla entre dos fieras, la una herida pero en pie, la otra, más temible aún, oculta en la maleza. El cazador está sonriente; ni siquiera ha vuelto a armar el arco. Luego sigue su rumbo, trepa una colina, se acerca al borde de un río caudaloso, coge algunas piedras de su lecho, se aparta un tanto de la orilla, reúne aquí y allá pequeños trozos de leña, desmenuza unos, rompe otros... y el fuego brilla por primera vez en la soledad de los campos.

»Otro día más que pasa ve un cóndor parado en la cumbre de un cerro.

»—Dame una pluma de tus alas para poner en mi flecha.

»—¡Imposible! —le grita el pájaro—. Las necesito, son mi abrigo, con ellas hiendo el aire.

»Insiste *El-lal,* ruega, amenaza.

»—¡Imposible! ¡Imposible!

»Y el cóndor despliega sus alas, remonta el vuelo y ya casi desaparece en el espacio, cuando *El-lal* arma su arco con cuidado, suelta la cuerda, vibra el aire... y el ave desciende en revueltos giros.

»—¿Qué pluma queréis? ¿Qué pluma queréis?

»Y llega a tierra con la garra entreabierta le coge del cuello, le arranca las plumas de la cabeza y le dice:

»—¡Vuélvete a la cúspide del cerro!

»El dios-hombre tiene ya la fuerza y la musculatura de la juventud; ningún animal le resiste: el puma se le humilla, el cóndor le acompaña en sus correrías, el cóndor no le niega ya sus plumas. Todo está sujeto a su imperio.

»Pero un día reaparece

»—Yo soy tu padre —le dice.

»*El-la!* lo conduce a su antro, le enseña sus armas, sus arcos, sus flechas, sus tallados pedernales y sus hondas; le muestra sus trofeos, las pieles de los pumas, las caparazones de los armadillos gigantescos, las alas enormes de los cóndores.

»Después coge un hueso extráele la médula y se la ofrece complacido ...

»Transcurre algún tiempo, es el amo; el héroe le obedece, pero un día se subleva contra sus mandatos y huye a esconderse en la montaña. Su padre le persigue... Ya le alcanza... se detiene un instante, hiere la tierra con el pie, lanza un grito estridente, y el bosque, la selva enmarañada, se alza como una barrera insalvable delante del colérico padre.

»La tierra ya se ha poblado de hombres, y un gigante, siembra en ella el terror y la desesperaciór.. Cada noche desaparece algún niño. El monstruo devora, también, al cazador extraviado. *El-lal* sale en su busca, le encuentra en la linde de la selva... Pero el gigante es invulnerable ... las flechas del héroe se astillan o rebotan... las víctimas se suceden a las víctimas. El espanto no tiene límites.

»*El-lal* toma entonces la apariencia de un tábano, busca otra vez a *Goshg-e,* se introduce arteramente en sus fauces, penetra en su estómago, híncale el aguijón. El gigante se retuerce y lanza gritos nunca oídos, gritos que el viento arrastra por los campos como la última amenaza del monstruo ...

»Luego hay un lapso en que todo es vago y misterioso, en que todo se confunde y contradice, pierde casi por completo su carácter divino, toma un nuevo nombre. Su cabellera va suieta a la frente con la *vincha* indiana; el hacha de piedra y el dardo aparecen en sus manos; su albergue es de ramas estrelazadas. Otros seres como él le acompañan por todas partes. Da caza a los guanacos, vigila en la noche. Tan pronto se le ve a la vera del bosque como al borde del mar. Es ictiófago, es carnicero... se llama entonces —el roedor dormita en la cueva...

»Aparece guerrero poderoso y sagaz. Lucha con La sangre de los hombres empaña la tierra. Las bestias feroces vuelven a sus correrías destructoras —renace *Gashg-e,* más espantoso; su frente sobrepasa a los cerros más altos—. Hasta la misma Naturaleza parece conturbada. El Sol se oscurece, la tierra palpita en su corteza, el viento brama incesante. *El-la!* ya no es dios. Su boca blasfema, en su corazón arden todas las pasiones de los hombres.

»-¡Sintalk'nl ¡Sintalk'nl

»Este nombre resuena al borde del océano y al pie de la montaña ... Pero el guerrero es vencido y aprisionado ... y devorado vuelve a ser omnipotente. Solicita en matrimonio a la hija del Sol y de la Luna, pero éstos, no atreviéndose a rechazar abiertamente la alianza, se valen de un subterfugio para no acceder al pedido; una sierva joven toma el vestido y el nombre de la niña; los emisarios de la reciben y conducen al lado del héroe, quien descubre inmediatamente el engaño. Su voz truena entonces contra el Sol, y su arco le amenaza con sus flechas más agudas.

»Pero no termina aquí el mito tehuelche.

»Disgustado va a alejarse para siempre del teatro en que se desarrolla su obra de dios y de héroe. Su misión ha terminado: ha hecho al hombre primitivo, ha purgado la tierra de los monstruos que la asolaban; ha echado la primer semilla de moral en el corazón de la criatura humaría, y le ha enseñado el secreto de la combustión y los rudimentos de la industria; le ha dado armas, le ha dado abrigo de pieles, le ha proporcionado albergue. Ha removido para él todo, los obstáculos de la ingrata naturaleza, y le ha dicho:

»—¡Anda! ¡El horizonte es tuyo!

»Metamorfoséase luego en avecilla, reúne a los cisnes sus hermanos, pósase en alas del más arrogante de ellos, y en bandada rumorosa va a través de los mares, hacia el este, descansando en las islas misteriosas que surgen de las ondas heridas por flechas invisibles.

»—Allá, por donde andan los vapores, allá desapareció con los cisnes sus hermanos —me decía el anciano Papón.»

Esta confusa mitología, llena de saltos y lagunas, y que quizá necesite mayor comprobación, ofrece gran margen para el hombre estudioso, porque inconexa y todo como es, tiene vagas reminiscencias de otras mitologías y otras teodiceas. Cuando lleguemos a hablar de los indios de la Tierra del Fuego —de una de sus razas, sobre todo— nos servirá la página de Lista para establecer puntos de comparación, no exentos de interés positivo, e indicios fehacientes de afinidades no comprobadas hasta ahora.

Repito nuevamente que, entre los múltiples trabajos de Lista, los que versan sobre los tehuelches son los que tienen más valor, y los que pueden tomarse con mayor confianza, por los medios de que se valió para entrar en las costumbres y en la intimidad de esos indios. Conviene, pues —ya que no he logrado acercarme a ellos—, utilizar ese folleto, muy escasamente conocido, según mis informes. Habla Lista:

> Ambos sexos llevan en sí el sello peculiar a todos los pueblos indígenas sudamericanos y éste es el de la tristeza, detalle que se advierte al primer golpe de vista. Es un aire doliente, pesado, lánguido e indiferente a la vez, y sin que ello importe el querer hacer una frase, diríase que el tehuelche retrata en su semblante la de-

> solación, la árida monotonía del país en que ha nacido. Es poco dado a la risa, y cuando lo hace es a manera de estallido, anormal, como que su temperamento no se presta a tal manifestación.
>
> De otra parte, he observado que conversan poco y con cierta indecisión, que en las horas aflictivas se convierte en balbuceo.
>
> Dado este modo de ser, nada tiene de extraño que las manifestaciones de sus más íntimas alegrías, siempre breves, revistan un carácter de brusquedad turbulenta y salvaje.
>
> Estos indios no se sorprenden de nada; todo lo miran con la mayor indiferencia, al menos aparente, y ni siquiera las obras arquitectónicas o mecánicas más notables despiertan en ellos signos externos de asombro. El cacique Papón visitó conmigo, no ha mucho, el Río de la Plata; mas nada llegó a alterar la fría serenidad de su rostro. Figurábame que todo le era conocido: ferrocarriles, monumentos públicos, instalaciones de industria, alumbrado eléctrico. Lo único que llegó a interesar su curiosidad, fue la pareja de elefantes del jardín de aclimatación de Buenos Aires.
>
> —¡Oh! ¿cómo llamar a ese animal grande? ... (lindo) —agregó en su lengua; y se quedó callado, girando su mirada a otra parte.
>
> La expresión facial parece como que se comunicara al cuerpo todo; y esto que tal vez parezca absurdo a muchos, es para mí evidente. Observad a un indio que anda: su andar es vacilante, se inclina hacia el suelo, diríase que le abruman hondos pensamientos.

Falta ahora, para que el lector forme concepto acerca del tehuelche, copiar modelos de literatura que el mismo Lista ofrece, quizá exagerando su nitidez, pero cierto en el fondo, sin embargo. Son dos fábulas. Una de ellas —la primera— la conozco pasada por la pluma de Fernández Bremón y con un personaje sustituto del zorro; la otra, tan ingenua, no tiene, según mis impresiones, una analogía entre los apólogos conocidos. Véanse, que será útil.

«*El zorro piedra.* Un zorro desafió a correr a una piedra; ésta se excusó:

—Soy muy pesada.

—Correremos cuesta abajo de este cerro —insistió el zorro.

Soy muy pesada, pero... guardáos de mí.

¿Alcanzarme? ¡Qué locura! Yo corro como el viento.

En fin, corramos —dijo la piedra.

Y el zorro partió como una flecha ... se echó a rodar la piedra entonces, y de tumbo en tumbo fue a herir de muerte a su rival, que ya llegaba al pie del cerro.»

La segunda fábula a que me refería, es la siguiente:

Un puma se encontró al linde de un pajal con un zorro muy donoso.

(Es de advertir que éste tenía un vistoso copete en la cabeza.)

—¡Qué lindo adorno llevas, amigo mío! ¿Cómo lo has confeccionado? — habló la fiera.

—Muy sencillamente: raspéme la cabeza con un pedernal, y luego introduje en ella las lindas plumas de avestruz.

—¡Qué admirable! Yo deseo someterme a la misma prueba. ¿Quieres tomarte la molestia de hacerlo por mí?

—De mil amores.

Y el zorro comenzó a raspar el cráneo del puma hasta que lo hubo adelgazado lo suficiente para quebrarlo de un solo golpe de pedernal.

Y murió el puma.»

El presidio de San Juan

La Isla de los Estados parece hecha expresamente para presidio y para fortaleza.

Está aislada, solitaria en medio de las olas tumultuosas, sin que buque alguno de los que pasan a su vista, vaya a recalar por capricho a sus puertos, donde no podría refrescar sus vituallas.

Es al mismo tiempo centinela avanzado de la navegación del Cabo de Hornos, y ofrecería seguro asilo a los barcos que en ella se refugiasen ... si tuviera cañones que completaran su defensa natural.

Nadie puede escapar de ella sin contar con sus guardianes primero, con un buque de cierta estabilidad que fuese en su busca, después.

Huir del presidio para vagar por la isla ¡imposible! a menos de comer ratas y mejillones, o de tener medios de cazar las aves de los lagos o de las costas, y ser de una constitución a prueba de bomba para soportar a la intemperie las inclemencias del clima.

Así, pues, no es extraño que San Juan del Salvamento sea presidio militar; lo que sí extraña es que no se le haya dado mayor amplitud, llevando también presos civiles, y ensayando una colonia penal, que —debidamente organizada— tendría que dar excelentes resultados. Los colonos podrían gozar de cierta libertad, sin otro encierro que las murallas de piedra de la isla, y el inmenso océano que la ciñe. Un solo barco de vapor bastaría para vigilar eficazmente sus costas, siempre que los presidiarios formaran un solo núcleo, y que no les fuera posible ocultarse sin que se notara su falta.

Hoy por hoy, los pobladores forzosos de la Isla de los Estados no llegan a cincuenta, y son todos soldados o clases de los cuerpos de línea, excepción hecha de un capitán de guardias nacionales. Entre ellos hay diez y ocho homicidas.

Aunque la tarea no sea agradable ni mucho menos, me permitiré pasarlos en revista, considerando que no todo lo útil ha de ser ameno, y que vale la pena conocer el presidio y sus habitantes.

Trinidad Cuello, fue condenado a diez años de presidio por insubordinación. Cuenta que al ser maltratado por un subteniente se resistió, dando lugar a que se le castigase con pena tan severa.

Pedro Carrasco, soldado del 2.º de caballería, hallándose en estado de embriaguez, fue provocado por un *dragoneante,* a quien hirió causándole la muerte: diez años de presidio.

Anfiloquio Pérez, cabo del 2.º de caballería, habiendo sorprendido in fraganti delito de adulterio a su mujer y un sargento, mató a éste: diez años.

Pedro Royal, cabo del 3.º de infantería, mató a un cabo, hallándose ebrio: tiempo indeterminado.

Marcelino Monteiro, marinero, condenado a diez años de presidio, es lo que puede llamarse una bestia humana. Dominado por un vicio contra natura, mató a un compañero que dormía por considerarlo rival en la amistad inconfesable con otro hombre.

A esta especie de degenerados pertenece también Eduardo Aparicio, condenado a diez años por un asesinato alevoso, y que antes había ocasionado ya otra muerte. Tiene fama en el presidio por su corrupción realmente abyecta.

Juan C. Castex, condenado a presidio indeterminado, por homicidio, y que gozaba de grandes preeminencias hasta la llegada del nuevo subprefecto de San Juan.

Isidro Ramírez, soldado del 3° de infantería, hombre sano y robusto, muy blanco y hasta casi simpático sí no fuera por su mirada aviesa y torva, es sin duda el criminal más perverso de todos aquellos presidiarios, entre los que los hay de alma atravesada, como vulgarmente se dice. Había hecho una muerte y estaba en la cárcel, cuando' como se usaba entonces con grave desprestigio del ejército, fue sacado de ella para engancharlo. No tardó en desertar de las filas, pero fue perseguido, se le dio alcance, y al capturarlo mató a uno de sus compañeros de cuerpo. Llevado ante el Consejo de guerra, éste, en vista de la reincidencia con circunstancias agravantes según la ley militar, lo condenó a presidio por tiempo indeterminado. Confinado en la isla, la noche del 3 de julio de 1897 tuvo un altercado con el despensero cabo Carrozza por una ración de caña que éste no quería darle; aprovechando la oscuridad, y hallándose indefenso el cabo, lo mató infiriéndole once puñaladas ...

Anacleto Rojas, 10 años; Angel Pastrana, tiempo indeterminado; Nicolás Tejeda, quince años; Félix Lavallena, José Gatica, Anselmo Ortiz, Enrique Pasarello, Pedro Sierra y José Sinsano, a presidio indeterminado y Dionisia Torres a nueve años, todos ellos por homicidio.

Estos penados, sobre cuyas conciencias pesa la sangre derramada, no son los únicos que sufren su condena en el presidio de la isla. Otros, por causas más leves, y en resumen perdonables por la sociedad, pues sus delitos lo son únicamente respecto de la institución militar, comparten con aquéllos su desgraciada suerte, y viven en común, aunque sean mucho más dignos de interés y de lástima. Pobres soldados, que han querido protestar, no seguir siendo máquinas, sin acordarse de que ya era peor para ellos volverse atrás.

Juan de Dios Gómez y Juan Yáñez, del 12.º de infantería, han sido condenados a diez años, por abandono del servicio, escalamiento y deserción. Cuentan, y no estoy muy lejos de creer que dicen la verdad, que entraron como voluntarios a formar parte del batallón; pero que cuando, cansados del servicio pidieron la baja, no se les dio, porque figuraban en los libros del cuerpo como enganchados, aunque no hubieran recibido el importe de su enganche. Como se les anunció que tendrían que servir dos años más, desertaron, fueron aprehendidos, y ... ahí están en San Juan del Salvamento.

Pedro Peralta, Salustiano Sosa, Jacinto Moyana, Juan B. Peralta, Francisco Murúa, Melitón Pizarra, Moisés Medina, José González, Agustín Alvear y Enrique Cáceres, sufren diversas condenas por insubordinación.

El motín del 3.° de caballería, es el hecho que ha dado mayor contingente al presidio: allí está el cabo Justino Sánchez, por tiempo indeterminado; el trompa Carmelo Rodríguez y los soldados Jacinto Castro, Miguel Burgoa y Martín Rodríguez, por doce años, y los de igual clase Gustavo Gavelli, Lorenzo Gil, Pantaleón Zárate, Emilio Borjas, Saturnino López y Ramón Menzequies, por diez años...

Estos presos han tenido, en general, buena conducta, y ésta mejora a medida que la disciplina se implanta con más rigidez. Antes anduvo muy relajada, flojos los resortes, a su albedrío los presidiarios. Ahora, y especialmente desde que Demartini se ha hecho cargo de la Subprefectura, reina el orden, y los *nenes* esos éntran en vereda, se dedican al trabajo, y dan poco que hacer.

Pero aunque el presidio estuviera bastante desorganizado, menester es confesar que los presos no han cometido tantas barrabasadas como pudieran. En ocho años, en efecto, solo se registran un asesinato, el perpetrado por Ramírez, y dos heridas en pelea, en noche de orgía, muy frecuentes en otro tiempo, pues cada vez que llegaba un transporte, los presos se procuraban alcohol... Han pagado hasta quince nacionales por una botella de bebida espirituosa que no vale un peso en Buenos Aires... La vigilancia, no muy estricta, se burlaba fácilmente y no era raro ver cuatro o cinco ebrios poco después de haber entrado un buque al puerto.

Con todo esto, se ve que son de buena pasta cuando los anales de San Juan no están llenos de escenas dramáticas, sublevaciones, fugas, asesinatos, y otras lindezas del mismo jaez. Gente ya ensangrentada y con la excitación del alcohol...

—Dígame, Morgan —pregunté un día— ¿y cómo hacían estos diablos para procurarse bebidas sin que los sorprendieran?

El contramaestre se sonrió, y me dijo:

—Hay mil modos, fuera del más sencillo, que es hacerlas introducir por los mismos guardianes ...

—¿Pero los otros? ¿cuáles son los otros?

—Muy simples, y comunes a los marineros y los presos de todas las naciones: una línea de pescar que en vez de peces lleva a la costa una botella atada al extremo desde el barco, una caja de tabaco llena de caña, una vejiga convertida en bota, y oculta luego entre la camisa y la carne... Una vez, cierto buquecito vino de Punta Arenas con artículos generales, entre los que había cocos; éstos eran de dos clases, y se vendían unos a cincuenta centavos la pieza, otros a cuatro pesos. Estos últimos, especiales, estaban llenos de de tal modo que por la noche abundaron los borrachos, sin que nadie se explicara en el primer momento de dónde procedía el alcohol...

Entre los presos hay seis que tienen mujeres, más o menos legítimas, como si se tratara de implantar allí una especie de colonia penal. Ensayo insuficiente, y desde luego fracasado, pues será difícil arraigar una población en San Juan, cuyos recursos no pueden ser más escasos, y cuyo clima no puede ser más inclemente.

Los trabajos a que se dedican los presidiarios tienen que ser necesariamente poco variados, por la estrechez de su campo de acción: corte de leña en el bosque, construcción de caminos, conservación de los existentes, algo de carpintería, un poco de pesca, descarga de los víveres y vestuarios a la llegada del transporte ... En sus horas de ocio algunos se dedican a fabricar objetos de madera, pacientes «trabajos de presos», que venden a los raros visitantes de los transportes ¡ pero dudo de que, con una buena organización, tuvieran otros momentos de ocio que los dedicados a la comida y al sueño. Esa organización ha dejado mucho que desear hasta ahora, pero el capitán

Demartini, lleno de buenas intenciones, ha puesto desde su llegada todo su empeño para ajustat los resortes flojos o relajados e introducir de lleno la disciplina militar en el presidio que de otro modo no se comprendería.

En breve tiempo ha hecho reconstruir completamente el camino al faro, que se hallaba en un estado lamentable, sin reparación desde que lo hizo la gente de la expedición Laserre, y ha dado principio al camino a Cook, obra de muy difícil realización por los turbales que suben casi hasta la cresta de las altas lomas que se levantan entre San Juan y el fértil istmo a cuyos lados están los puertos de Cook y de Vancouver. Un rompeolas de necesidad urgente, pues el mar socava y carcome la barranca en que está instalada la Subprefectura, iba a ser comenzado cuando salí de la isla.

El trabajo trae necesariamente consigo el orden y las buenas costumbres en las colectividades de esa especie, muy inclinadas a toda clase de extravíos y de vicios, por poco que encuentren la ocasión de dar rienda suelta a los instintos individuales. Se cuentan del presidio cosas que no son para repetidas, y que indudablemente no volverán a suceder, sino como excepción, desde que se implante un régimen severo de labor y no se descuide la vigilancia, nunca excesiva en tales casos.

Sin embargo, el presidio seguirá costando dinero al Gobierno mientras no se le provea de herramientas y útiles que hagan más aprovechable el trabajo de los presos, que hoy se sirven de instrumentos primitivos e insuficientes. Se pensó en darle un aserradero a vapor, que nunca ha llegado a la isla. Con él podrían haberse mejorado y aumentado las habitaciones, labrando la excelente madera que abunda en los bosques cercanos a la Subprefectura; con él, los presidiarios no tendrían que quedarse de brazos cruzados en los días tan frecuentes de mal tiempo, en que es imposible trabajar a la intemperie; con él podrían haberse hecho embarcaciones que faltan para el servicio de las costas, y tablas y tablones que hay que llevar hoy de Buenos Aires al país de la madera ...

Pero puede dotarse a la isla, sin gran gasto, de un elemento tan útil; no faltan motores que no se aprovechan en los talleres del Gobierno, y las sierras circulares y sinfín no cuestan lo que se economizaría teniéndolas en actividad en San Juan.

Esto mismo contribuiría a hacer más llevadera la vida de aquellos infelices que, lejos del mundo, aislados de todo contacto externo, la pasan en medio de una tempestad continua, envueltos en nubes, bajo la lluvia, bajo el granizo, bajo la nieve, transidos por ráfagas glaciales, sin ver sino rara vez un fugitivo rayo de Sol.

No son ellos sentimentales, rudos soldados hechos a la fatiga y a las privaciones del campamento; pero rodeados de montañas, sometidos a un reglamento que suprime las iniciativas, sumergidos en una atmósfera gris que limita aun el escaso horizonte, llevan en el rostro un sello de melancolía que no se observa en la mayor parte de los penados de la penitenciaría. En aquel pantano circunscripto, apenas más grande que una cárcel, los árboles verdes dan aún menos idea de libertad que las paredes blanqueadas de una celda...

Y entre los desgraciados que arrastran esa triste existencia, hay algunos condenados por deserción a diez años de presidio, y que los cumplirán quizás aunque el nuevo código haya reducido la pena a la mitad. Los tribunales militares ¿no tendrán en cuenta que este beneficio de la ley debe alcanzarles a ellos también? Esperemos que sí.

Ellos, entretanto, viéndose en la misma situación de los que han armado su mano de puñal y la han manchado con sangre del prójimo, alevosamente vertida, harán amarga y práctica filosofía sobre la equidad humana, esa abstracción irónica que siglo tras siglo viene como un Proteo cambiando de forma y de significado, sin llegar nunca a ser una verdad ...

Pero su suerte sería menos amarga sí no sufriesen otras torturas que se añaden a éstas: la invencible envidia, el celo violento, casi hasta llegar al odio, hacia los que tienen mujer, aunque sean más criminales que ellos, y gozan a sus ojos de la vida de familia, en ranchos aislados, en torno de la cuadra común... Siquiera pudiesen equiparar fortunas... Pero ¿dónde encontrar la Eva de aquel paraíso al revés? ...

¡Pobre gente! Mientras los criminales natos hacen por conservar su especie, ellos que todavía podrían ser miembros útiles de la sociedad, como que solo son culpables respecto de una ley convencional, cuyos mandatos olvidaron un día, se consumen estérilmente en aquellas soledades dantescas, que poca inspiración llevarán a su espíritu inculto.

Todo se ha de hacer a medias y por vía de ensayo en nuestro país: es de reglamento. Eso explica que la incipiente colonia penal tenga seis mujeres y cincuenta penados a cargo de un piquete de infantería de marina y un destacamento de marineros de la Subprefectura, que también envidiarán a ratos la suerte de los presidiarios, como que suele olvidarse su existencia y quedarse en Buenos Aires los relevos ...

Naufragios y salvamentos

¿Se conocen todos los naufragios que han tenido por teatro las costas y las cercanías de la Isla de los Estados?

Parece que la respuesta debiera ser afirmativa, dada la poca extensión de aquel informe hacinamiento de piedras; pero los caprichosos cortes y recortes de sus orillas, lo inaccesible de algunas caletas a la observación de los barcos que pasan de largo, la falta de elementos de movilidad de la Subprefectura, hacen posible que se suponga lo contrario. Un buque cualquiera puede ser tragado por las olas, junto a una de aquellas costas a pico, a cuyo mismo pie hay inmensas profundidades, sin que quede rastro de él...

Sin embargo, los siniestros marítimos que se conocen, y en que ha tenido intervención la Subprefectura de San Juan del Salvamento desde su fundación hasta la fecha, son suficientes para dar triste fama a la isla, aunque se sospeche que algunos, si no muchos de ellos, son provocados para recibir el importe de un buen seguro a cambio de un buque malo y viejo ...

Bove habla de varios naufragios anteriores a la fundación de la Subprefectura: el del Jess, barco de 200 toneladas, en Año Nuevo, el del Vergeri, del Pactolus, del Capricorn ...

Desde 1884 cuéntanse dieciséis, rodeados de circunstancias más o menos dramáticas, que narraré brevemente aquí, siguiendo el orden de las fechas en que han ocurrido, y sin detenerme a vestirlos con descripciones y adornos innecesarios.

l. El 20 de enero de 1885 naufragó la barca italiana Ana, de Génova, de 800 toneladas de registro, que tripulada por catorce hombres iba de Génova a Valparaíso, con cargamento general.

Sorprendióle una calma estando muy nebulosa la atmósfera, y la corriente dio con ella en la costa, entre los puertos de Cook y Año Nuevo. Afortunadamente salvaron todos los tripulantes, que fueron socorridos en San Juan.

II. Poco después, el 4 de marzo y con un tiempo semejante, pues babia cerrazón, viento en calma y mar de leva, la corriente arrastró a la barca inglesa River Lagan, de 852 toneladas de registro y 1.250 de cargamento general, llevándola sobre una de las islas de Año Nuevo, donde naufragó. Iba de Glasgow a Valparaíso. Sus diecisiete tripulantes se salvaron.

111. Pasó algún tiempo sin que se tuviera noticia de otros naufragios, hasta que el 18 de octubre de 1886 ocurrió el de la fragata inglesa Mountaineer.

Este buque, de 1.886 toneladas de registro, cargado con 2.100 de carbón de piedra, iba de Hull a Wilmington, California... Llevaba veintiocho tripulantes.

El 9 de octubre dobló el cabo San Juan en dirección al Pacífico, y solo el 16, hallándose frente al Cabo de Hornos, se notó fuego a bordo. El capitán mandó sin pérdida de tiempo toda la gente a la bodega para reunir todo el carbón hacia el centro del buque. La atmósfera era irrespirable, y hubo que sacar a dos de los marineros, casi asfixiados. Renuncióse, entonces, a la tarea.

Encaminando sus esfuerzos en otra dirección, el capitán ordenó que se cerraran herméticamente las escotillas, para tratar de sofocar el incendio. El fuego continuó aumentando. Se armaron mangueras, se intentó inundar las bodegas, pero todo fue inútil. El humo denso que escapaba por todas las rendijas, era mayor y más negro cada vez...

Aquel día la Mountaineer se puso al habla con otra fragata inglesa, la City of Athens, cuyo capitán invitó al del primero a seguir más al oeste o a abandonar el buque. La City of Athens recibiría a su bordo a toda la tripulación. Pero el capitán del Mountaineer prefirió seguir rumbo a la Isla de los Estados, y recalar en alguno de sus puertos para tratar de salvar el barco.

El 17, hallándose a los 57 grados 47 minutos de latitud sur y 69 grados

40 minutos de longitud oeste de Greenwich, comenzaron a producirse explosiones de los gases acumulados en la bodega, y se hizo urgente el abandono del buque.

Había tres barcos a la vista, a una distancia de cuatro o cinco millas: se les hizo señales, pero no las contestaron y siguieron su derrota ...

El 18, a las diez de la mañana, se avistó la Isla de los Estados a una distancia como de 25 millas, y se hizo rumbo hacia Back Harbour, que queda exactamente al sur de San Juan del Salvamento.

Pero desgraciadamente sobrevino una neblina tan densa, que hizo casi imposible situar el buque, mientras el peligro aumentaba a cada instante, las explosiones se sucedían más terribles cada vez, y por las escotillas de popa y proa, que se habían levantado, salían torbellinos de humo y llamas ... Imposible permanecer un minuto más a bordo ... Eran las tres de la tarde. Se arriaron los botes, embarcóse en buen orden toda la tripulación y bogando con brío llegaron a las cinco y media a Back Harbour, donde desembarcaron rendidos de fatiga.

El capitán no salvó nada, ni sus papeles, ni una suma de dinero que tenía en la cámara, con la que desde un principio fue imposible comunicar. Los náufragos solo habían conseguido llevar víveres para dos días, y no conocían la existencia de la Subprefectura de San Juan. Pero el capitán había visto luz en Punta Laserre, supuso que habría allí Un faro, y resolvió en consecuencia enviar al día siguiente una comisión compuesta del segundo piloto y siete marineros, para que cruzaran el istmo que separa a ambos puertos. Urgía obtener provisiones, pues de otro modo los 28 náufragos estaban condenados a morir de hambre en plazo breve.

Los comisionados tomaron hacia el nordeste, llegando horas después frente a la Subprefectura, separados de ella por el ancho de la bahía. Hicieron señales con humo, disparando algunos tiros, y a las tres de la tarde la gente de la Subprefectura atravesó en un bote para prestarles auxilio.

Quedaron los marineros en San Juan, y el segundo piloto de la Mountaineer, con un hombre que le dio el subprefecto para que lo acompañara, fue en busca de sus compañeros, que se pusieron inmediatamente en marcha, menos cuatro que, por enfermos, hubo que ir por ellos en bote al día siguiente.

La Mountaineer, incendiada, pasó, llevada por la corriente, por delante de San Juan como un inmenso brulote, y fue a embicar en la costa este del cabo San Antonio, donde más tarde se encontraron sus restos ...

En la isla nordeste de Año Nuevo, con tiempo de calma, naufragó el 26 de mayo de 1887 la barca inglesa Garnok, de 700 toneladas de registro y 1.015 de carga general, que iba de Londres a Victoria, en la isla Vancouver. Sus diecisiete tripulantes lograron salvar.

El 23 de junio de 1887, naufragó la fragata inglesa Dunskerg en el cabo San Antonio.

El 5 de julio: barca inglesa Colorado, en cabo San Vicente (Tierra del Fuego). Era de 800 toneladas de registro y llevaba 1.100 de carbón, de Cardiff a San Francisco.

No se conocen detalles de estos dos últimos naufragios, pues las tripulaciones fueron salvadas por el vapor Mercurio, el 20 de agosto del mismo año.

El 11 de abril de 1888, a eso de medía día, avisaron del faro a la Subprefectura, que un bote con dieciséis hombres se dirigía al puerto. Al acercarse al faro quisieron atracar, lo que les fue imposible, por lo erizado de la costa, en que la rompiente es enorme en todo tiempo y haría pedazos cualquier embarcación. Los infelices tripulantes del bote pedían agua a gritos.

Como el desembarco es impracticable allí, se les hizo seña de que entraran al puerto, lo que hicieron, apelando a un último resto de fuerzas. En efecto, cuando llegaron junto al muelle, fue preciso desembarcar en brazos a muchos que ya no podían moverse, tan extenuados estaban.

Eran náufragos, tripulantes de la barca inglesa Glenmore, que tres días antes se había perdido en Tierra del Fuego, cerca del cabo San Vicente, a tres millas y medía, más o menos. Iban en el bote el capitán, los dos pilotos, y los tres marineros de la barca.

Como único recurso quedábanles cinco latas de dos kilos de carne conservada, y ni una sola gota de agua. En cada uno de los días anteriores habían comido entre todos, una sola de esas latas, tratando de que les duraran lo más posible.

Llegaban tan extenuados y habían padecido tanto con la humedad y el frío, que no podían hablar, ni menos caminar. Para colmo de desdicha, el bote se había abierto un rumbo, que compusieron como mejor les fue posible; pero el agua entraba, y como no tenían baldes, veíanse obligados a achicarla con los sombreros y las botas.

La Glenmore había ido con rieles de acero, de Maryport a Montevideo, de donde salió en lastre para Talcahuano, el 24 de marzo.

Cerca de Tierra del Fuego, cambió repentinamente el viento, que la arrojó sobre la costa; el mar, muy agitado, la hizo pedazos enseguida ...

Otra víctima de la calma y de la corriente: La barca inglesa Córdoba, de 530 toneladas de registro, con 786 de carbón, y 12 tripulantes, naufragó el 27 de julio de 1888 entre cabo San Diego y Bahía Thetís (Tierra del Fuego). Los dos pilotos y cinco marineros fueron en un bote hasta San Juan. El capitán, con cuatro hombres y otro bote, se quedó en cabo San Diego a la espera de algún barco que los salvara.

El 28 de julio de 1890, entre cuatro y cinco de la mañana, ocurrió otro naufragio a una milla al oeste de cabo Fourneaux.

El buque perdido era una barca inglesa de 558 toneladas de registro y casco de hierro, la Seatollar, que iba de Glasgow a Valparaíso, con cargamento general.

La Seatollar se vio obligada a recalar en las Malvinas, para reparar algunas averías sufridas durante el viaje. Zarpó el 26 de julio, y el 28 avistó tierra por estribor.

Una falsa maniobra la perdió, pues yendo en dirección al este, el capitán ordenó poner proa al norte, lo que la hizo embicar en las barrancas cortadas a pico de aquella costa.

Apenas se sintió el primer choque contra la roca, el capitn mandó arriar un bote por babor, pero un terrible golpe de mar lo arrebató junto con dos pilotos y siete marineros.

El capitán William Jennings, corriendo a una muerte casi segura por salvar a su barco y su gente, echóse al agua llevando un cabo para atarlo en tierra, pero la rompiente furiosa lo arrebató, lo arrojó dentro de una cueva de lobos, y allí lo estrelló contra las rocas ...

El buque se sumergió hasta más arriba de la cubierta; solo se veía a flor de agua el castillete de proa ... Los marineros sobrevivientes habían logrado subir al palo mesana, donde se mantuvieron algunas horas, que debieron

parecerles eternas; de alü, buscando mejor acomodo, pasaron por los estays al palo mayor, en cuyas velas durmieron... Después de descansar como fue posible en tan horrorosa situación, por el mismo camino de los estays pasaron al palo trinquete, y luego al castillete de proa. Después de varias inútiles tentativas para pasar un chicote a tierra, lo logró el velero Silas Batties, no sin grandes esfuerzos para trepar por la costa acantilada, que tiene allí varios metros sobre el nivel del mar.

Amarrado el chicote a tierra, pasaron por él el practicante de piloto Charles Surnbank, el cocinero Hardy y los marineros Clindinning y Brown, únicos que se salvaron. Batties y sus cuatro compañeros se encaminaron a pie hacia la Subprefectura, a la que llegaron medio moribundos de extenuación y casi desnudos.

En este naufragio perecieron el valeroso capitán Jennings, los pilotos Pooley y Joseph Bryden, los practicantes G. S. Snell y J. Lumsden, el carpintero Clark, y los marineros Docharty, Collie, Mullin y Juan Valenzuela, este último chileno ...

Fragata inglesa New York, de 2.699 toneladas de registro con 2.750 de carbón y cuarenta tripulantes.

Iba de Swansea a San Francisco de California, cuando el 20 de abril de 1891 naufragó, por corriente, cerrazón y calma, en una de las islas de Año Nuevo.

Los náufragos fueron recogidos el 21 por la barca alemana Guttenberg, que iba de Blyth, en Escocia, a Valparaíso. A bordo de la Guttenberg murió uno de los náufragos. Los demás fueron dejados en San Juan, porque la barca estaba muy escasa de víveres.

El 23 de diciembre del mismo año naufragó al sur de cabo San Diego, Tierra del Fuego, la fragata inglesa Crown of Italy, de casco de hierro y 1.551 toneladas de registro, que iba de Liverpool a San Francisco de California, con 2.250 toneladas de carga general. Veintocho hombres componían la tripulación. Acompañaban al capitán su esposa y su hija.

Con viento contrario, la fuerte corriente del estrecho del Lemaire la echó sobre la costa.

La gente se embarcó en dos botes, uno de los cuales llegó a San Juan del Salvamento en la noche del 24; el segundo arribó a las diez de la mañana siguiente. Los náufragos llegaron empapados y abrumados de fatiga, por tan larga travesía hecha a remo.

Barca inglesa Guy Mannering, casco de hierro, 807 toneladas de registro y 1.100 de carga general, coke y carbón. Iba de South Shields al Callao, con veinte personas, contando la tripulación, la esposa del capitán y una hermana de ésta. Naufragó el 16 de diciembre de 1892, en que la sorprendió la niebla, y la calma y la corriente la echó sobre Penguin Rockery. Salvaron todos, tripulantes y pasajeros.

En la Subprefectura de San Juan quedan muchos objetos procedentes de aquel naufragio, como los asientos y un armario que hay en el comedor, un cañoncito, etc.

Saliendo de San Juan, el 1.º de febrero de 1898, naufragó el cúter Louisa, de 3 toneladas y cinco hombres de tripulación, que se había refugiado allí, huyendo de un temporal. El viento calmó de pronto, y la marea arrojó al cúter contra la costa, junto a la cual se hundió en treinta brazas de agua.

8 de julio de 1894. Naufraga en la punta oeste de la bahía Croosley —al noroeste de la isla —la fragata dinamarquesa Amy, de 1.399 toneladas de registro, que iba en lastre de Santos Alquique. La cerrazón ausada por un temporal de nieve, y un error de estima, la hacen estrellarse contra dicha punta. Salvan el capitán y los diecinueve hombres de tripulación.

La barca inglesa Calcutta, que iba a Londres con 1.450 toneladas de guano, se abrió un rumbo en alta mar el 17 de setiembre de 1895, y fue abandonada a veinte millas más o menos al ESE. de cabo San Juan. El capitán y el resto de la tripulación, que iban en otro bote, fueron recogidos a la altura de San Sebastián, Tierra del Fuego, por una barca chilena que los llevó a la colonia Magallanes. Aquella enorme travesía a remo los había aniquilado.

La barca alemana Esmeralda, que con 1.400 toneladas de carga general iba de Amberes a Talcahuano, naufragó por error de estima, cerrazón, calma y corriente, el 11 de abril de 1897, entre Puerto Hopper y el cabo San Antonio. Sus 16 tripulantes se salvaron.

El salvamento, cuando ocurre un naufragio, y con los miserables medios con que cuenta la Subprefectura, es lo menos práctico que imaginarse pueda. Si el siniestro no da bastante tiempo para que las tripulaciones se salven por sí solas, poca ayuda pueden éstas esperar de la isla.

Véase, si no, el relato que me ha hecho el señor Nicanor Fernández, práctico y luego ayudante de la Subprefectura de San Juan, de uno de los salvamentos «más fáciles» en que ha tenido intervención:

> Como el capitán de la Esmeralda, que había salido a intentar el salvamento, no pudo remontar el cabo Colnett con el bote salvavidas de la Subprefectura, se me ordenó que me alistara para ir al día siguiente al lugar del naufragio con un bote lancha. Aquella misma tarde —14 de abril de 1897— se me dieron víveres para un día, calculando que con una embarcación ligera como el podría hacer en 24 horas las veinticinco millas de navegación. La tripulación de mi bote se componía del segundo contramaestre Isaac Jobisen, el cabo Jorge Morgan, y cinco marineros. Como pasajero iría con nosotros el primer piloto de la barca náufraga. En el salvavidas de los náufragos, al mando del ayudante Carlos Larrayán, con el primer contramaestre Carlos Andreu y ocho marineros, irían como pasajeros el capitán y el segundo piloto de la Esmeralda.
>
> El 15 amaneció lluvioso, con viento muy fresco del nordeste y mar bastante picada; pero, sin embargo, aprovechando la baja marea, salimos a las 9:30 de la Subprefectura, navegando a remo, pues el viento era de proa, hasta hallarnos frente a la ensenada La Nación, donde izamos la vela e hicimos rumbo al cabo Fourneaux. Un cuarto de hora después de nosotros salía el otro bote.
>
> La mar estaba tan picada cerca de las costas, que resolvimos —después de embarcar agua en los de Fourneaux— hacernos afuera en busca de la mar larga, y pasar entre las dos islas grandes de Año Nuevo. El segundo bote siguió nuestras aguas, luego costeó otra vez, nos siguió de nuevo, y por fin hizo rumbo a puerto Cook. Avanzamos con felicidad, pero al pasar los de las islas, embarcamos dos golpes de agua tan tremendos, que un tercero hubiera dado con nosotros en el fondo del mar.

Pasadas las islas y con viento y mar a un largo, fácil nos fue llegar a puerto Hoppner, donde desembarcamos a la una de la tarde. Improvisamos un arganeo con el anclote y cuarenta brazas de cabo, y nos dispusimos a hacer fuego y comer. La mojadura de los golpes de agua, la lluvia y el frío nos aterían; además, solo habíamos tomado un jarro de café y una galleta.

Aguardamos el segundo bote, que no apareció. Al caer: la tarde calmó por completo el viento, serenóse mucho el mar, y nos echamos a dormir en nuestras pobres mantas patrias hechas sopa, despertados a cada instante por Jas enormes ratas que infestaban la isla.

Al día siguiente y aunque no hubiera llegado el bote, aprovechamos la tranquilidad del mar para ir a bordo de la Esmeralda en procura de algunos víveres, pues los que llevábamos se habían concluido, cosa que sin duda había ocurrido también a los retrasados. A las siete de la mañana ya habíamos comenzado a navegar hacia la barca que se hallaba a tres millas, recostada sobre babor y jugando de popa a proa como si estuviera en un eje.

Se hizo fuego en la cocina, mientras el piloto y algunos marineros iban a buscar a la despensa los víveres necesarios. El cabo Margan, hoy contramaestre, procedió a preparar la comida al mismo tiempo que nosotros sacábamos tres velas para hacer carpas en el campamento, y las poníamos en el bote y en otro que logramos echar al agua, junto con todo el equipaje del capitán y los pilotos, algunos víveres y conservas, botellas de licores, etc. En la cámara el agua nos llegaba a la rodilla y en el camarote de los pilotos y en la despensa, situados a babor, pasaba de la cintura.

Apenas almorzamos hice embarcar al contramaestre y los cinco marineros en el bote negro, mientras el piloto, el cabo Margan y yo ocupábamos el salvado, que era mucho más liviano, pero que estaba reseco hasta el punto de hacer agua que no conseguíamos achicar. Pedimos remolque, y cuando llegábamos al campamento entró en el puerto el bote del ayudante, cuya suerte ya comenzaba a preocuparnos.

Habían hecho noche en puerto Año Nuevo, y llegaban decididos a no detenerse sino para tomar víveres y correr en busca nuestra, pues nos creían perdidos, quizá refugiados en las islas. Estaban hambrientos y comieron con ansia lo que les dimos.

Con las velas, troncos y ramas, construimos unas a modo de grandes carpas, en que pasamos la noche algo mejor sobre los jergones de paja que habíamos encontrado a bordo, y al abrigo de la lluvia helada que caía continuamente.

El mar, agitadísimo, nos impidió al día siguiente intentar siquiera acercarnos a la barca, pero el 18 muy de mañana salió el ayudante con el capitán, los dos pilotos y cuatro marineros para sacar los papeles, que estaban bajo llave y no habían podido retirarse antes. Cuando salimos nosotros, a eso de las once, con el bote negro y el náufrago tripulado por cuatro marineros que nos dejó el ayudante, vimos que la embarcación de éste cruzaba la boca del puerto, con rumbo a San Juan.

A bordo encontramos dos soberbios lechones, que se aprovecharon para el almuerzo. Aferramos las velas, para que los terribles sudestes que allí reinan no hicieran zozobrar la barca encallada, enarbolamos en ella el pabellón nacional y volvimos a tierra con los botes cargados de víveres y otra vela para tapar los artículos que fuéramos salvando. Cuando llegamos llovía con fuerza y era ya de noche.

El día siguiente amaneció nevando, pero a las diez la nieve se cambió en lluvia y nos fuimos a bordo, donde cargamos los botes con pinturas, pinceles, cuadernales, motones, etc., regresando al anochecer, sin novedad.

Pero al otro día íbamos a tenerlas. Bajo la lluvia pasamos a la barca, de la que sacamos algunas piezas de lona, dos barriles, platos y tazas de hierro enlozado, y otros artículos varios, que íbamos cargando en los botes, o amontonando sobre cubierta para llevarlos después. Entretanto, se hacía el almuerzo para la gente, cuando de pronto comenzó a venir mar de leva del norte, y a romper con fuerza en la playa en que estaba varada la Esmeralda. Ordené cargar cuanto se pudiera para irnos al puerto inmediatamente.

—La comida está pronta y es lástima desperdiciarla —me dijo el cabo Morgan, que hacía de cocinero.

Bueno. Comamos en un minuto, y a los botes. No hay tiempo que perder ...

Pero no bien habíamos tomado la primera cucharada de sopa, cuando se oyó un crujido, y la cubierta comenzó a partirse por la boca-escotilla mayor, muy cerca del palo, mientras que la popa era alzada por las olas, y los perillas del mesana y el mayor se acercaban amenazadoramente. El palo mayor, que era de hierro, parecía a cada momento que iba a desplomarse. Demás está decir que lo abandonamos todo para correr a los botes y alejarnos de la barca. Pero la mar estaba tan brava, que cerca de una hora de esfuerzos nos costó salir de las rompientes para dirigirnos a Hoppner.

El viento fresco del noroeste, que agitaba mucho el mar, nos hizo perder el día siguiente, un día magnífico de Sol; al otro, obedeciendo a las órdenes que llevaba, tuvimos que regresar, pasando antes por la barca, para cargar algunos otros artículos y almorzar. Pero el mar había arrebatado los chismes de cocina, obligándonos esto a regresar a Hoppner de donde salimos de nuevo a las tres de la tarde.

Al doblar el cabo Colnett, el bote náufrago nos pasó; frente a Pengüin Rockery nos sorprendió la calma, mientras los otros seguían con buen viento ... Estábamos solo a la altura de Basil-Hall, cuando comenzó a anochecer, armamos remos y nos dirigimos a Puerto Año Nuevo, en cuya ensenada de la izquierda fondeamos, escoltados hasta allí por toda una manada de lobos de un pelo, que nos salpicaban dando saltos en el agua. La noche estaba oscurísima, comenzó a llover torrencialmente, y como no veíamos la costa, nos resignamos a pasarla en el bote, calados hasta los huesos y tiritando de frío.

Afortunadamente, a eso de las tres de la madrugada notamos que nos íbamos quedando en seco, lo que sucedió media hora después.

> Nos echamos a la playa, mandé que encendieran fuego, llevaran algunos víveres e hicieran café, pues desde medio día no habíamos comido más que un poco de galleta, y entretanto con el cabo Margan improvisamos un arganeo.
>
> Cuando creció la marea, a eso de las nueve de la mañana, la aprovechamos para seguir viaje; a la una de la tarde llegamos a San Juan.
>
> Total: habíamos trabajado nueve días, a la intemperie, escasos de alimento, expuestos a cada instante, para no salvar sino un puñado de cosas casi sin valor alguno, a pesar de las buenas condiciones en que se hallaba el buque náufrago.
>
> Con un vaporcito, y en menos de quince días, estoy cierto de que se hubiera salvado todo el cargamento, como el de tantos otros barcos que no han tenido salvamento en la Isla...

¿Quiere el gobierno que cese este estado de cosas? Pues nada más fácil. El consejo lo tiene, formulado por Bove, desde hace muchos años: la luz de un faro, una población con una lancha a vapor.

El faro existe, pero en malas condiciones; la población también: falta el vaporcito, sin el cual no podrá ejercerse jamás buena vigilancia en las costas, ni menos practicar con resultado el salvamento de los buques náufragos.

«La numerosa navegación a vela de estos mares —decía el señor Edelmiro Correa, marino argentino— tiene la vista fija en estas mejoras, y la Inglaterra misma las prevé, cuando manda ofrecer al comandante Piedrabuena 10.000 libras esterlinas por la mitad de la isla.»

Aventuras de mineros

Una noche que, después de comer, conversábamos de todas las cosas y otras muchas más con el contramaestre Morgan, que tantos y tan buenos informes y observaciones personales me ba dado acerca de la isla y de Tierra del Fuego, púsose sobre el tapete sin saber cómo ni cómo no, el siempre socorrido tema de las minas de oro.

—¿Hay terrenos auríferos en la isla? —pregunté, aunque ya lo supiera desde Punta Arenas.

—Sí, pero su rendimiento es tan escaso, que no vale la pena explotarlos.

—¿Ha hecho usted la prueba?

—No, pero otros hubo que la hicieron. La minería no entra en mis aficiones, pues me ha tratado mal cuantas veces me dediqué a ella ... sobre todo en el primer ensayo.

—¡Hola! Eso pica en historia ...

—Lo es, efectivamente, pero tan sencilla que no merece contarse.

—¿Fue aquí?

—No, señor, en Tierra del Fuego.

Insistí para que me relatara su aventura, que debía ser característica, tuviera o no tuviera episodios dramáticos o siquiera interesantes. Accedió por fin, y mientras tomábamos un poco de café, junto a la chimenea encendida, me contó lo que he tratado de reproducir con toda fidelidad en estas páginas, pintorescas por su misma sencillez.

Era en 1884. Punta Arenas estaba revuelto. No se hablaba sino de buscar oro, de encontrar oro, de recoger oro. Iban y venían los mineros, se formaban sociedades, se proyectaban y se habían excursiones. En las casas de comercio, en los cafés, en todas partes, eran tema de conversación las rápidas fortunas que se hacían en los lavaderos del Cabo de las Vírgenes, los hallazgos de yacimientos donde los había y donde no los había, los que tenía este o aquel aventurero o cazador de lobos, la riqueza incalculable de algunas playas... Parecía que una enfermedad contagiosa, una epidemia nos fuera invadiendo poco a poco sin dejar a nadie libre. La fiebre del oro se apoderaba del pueblo entero, y no contenta con los estragos que hacía en la villa chilena, remontaba hacia el norte, para presentarse hasta en el mismo Buenos Aires, con análoga intensidad. No sé si recuerda usted los cientos de que se pidieron en el ministerio de Ha ciencia por aquel tiempo ...

Naturalmente, caí yo también atacado por el mal.

Tenía un regular empleo, con sueldo suficiente para vivir, pero eso no podía bastar a quien veía tan cerca el medio fácil de enriquecerse. Con muchas ganas de dejar lo cierto por lo dudoso, comencé a pensar en alguna aventura minera, hasta proyecté lanzarme a buscar oro yo también, pero en un principio no me atreví, porque estaba solo, y me faltaba capital.

Cierto es que muchos se iban con un puñado de víveres y una bolsa de herramientas, para volver ricos o no volver; pero eso no me convenía, pues las probabilidades eran pocas. Otros se asociaban en número de ocho o diez, formaban un fondo común para los gastos, y marchaban a trabajar juntos; otros, por fin, organizaban expediciones por cuenta de capitalistas que, como el capitán Araña, se quedaban en tierra, para reclamar después gran parte de la ganancia. Pero yo no hallé ni socios ni empresarios en los primeros tiempos.

Había abandonado casi por completo mis vagos proyectos, cuando

un día conversando con un amigo, le oí decir:

—Hay varios capitalistas —y me los nombró— que buscan un hombre capaz de dirigir una expedición.

—¿De mineros? —le pregunté.

—Sí.

—¿Y adónde se tiene que ir?

—A la Tierra del Fuego Argentina, porque las autoridades no quieren dar permiso para trabajar en la costa norte del Estrecho. ¿Te gustaría ir?

No podía presentarse mejor oportunidad, y ésta venía justamente cuando ya no la esperaba.

—Me gustaría mucho, si fuese en buenas condiciones ...

—¿Quieres que hable con esos hombres?

Contesté que sí, dándole las gracias por su mediación, y los capitalistas no tardaron en llamarme, hacerme proposiciones que me convinieron, y nombrarme jefe de la expedición, autorizándome a contratar la gente que creyera necesaria.

—¡Figúrese usted mi alegría! Ya me veía de vuelta del viaje, rico, al abrigo de la necesidad, seguro del porvenir, de una vida de holganza y de satisfacción.

—¿Cuándo podrá salir? —me preguntaron mis empresarios.

—¡Oh! apenas tenga los víveres y reclute los compañeros: dentro de una semana.

Convinimos en que no llevaría sino cuatro hombres. ¿Para qué más? Entonces se creía que, a pesar de su altura y robustez, el ona era cobarde, pues las comisiones de cuatro o cinco personas salidas del puerto Porvenir chileno los habían perseguido y diezmado sin gran resistencia de su parte. Los cazaban para ganarse la prima que ofrecían algunos comerciantes de Punta Arenas, y era convicción general que semejante caza no exigía más que una carrera a caballo o un tiro bien dirigido... Solo de un herido, entre estos aventureros, se había tenido noticia hasta entonces.

Ya verá usted cómo no siempre acierta la mayoría, y cómo estaban en la verdad los dos o tres que me aconsejaron más precauciones. Pronto me arreglé con cuatro hombres fuertes y animosos al parecer, que se comprometieron a seguirme a todas partes; quedó fletada la goleta Luisa, lindo barquito muy marinero, compradas y cargadas las provisiones, las armas y las herramientas necesarias, y estuvimos listos para partir.

Salimos de Punta Arenas antes de finalizar el mes de noviembre, y nos dirigimos a la entrada este del Estrecho, para navegar después hacia el sur, y detenernos en San Sebastián, puerto que yo conocía bien por haberlo visitado dos veces a bordo de buques de guerra argentinos, y de donde debían arrancar mis pesquisas en busca de oro.

Llevábamos con nosotros algunas mercaderías que teníamos que descargar en el de Dungeness. Fondeamos allí, y las desembarcamos, sin más contratiempo que la pérdida de un ancla, y en los últimos días del mes llegamos a San Sebastián.

Mis cuatro compañeros y yo estábamos convencidos de que en caso necesario seríamos capaces de conquistar la Tierra del Fuego entera, a despecho de los onas, y a costa de su vida, gracias al juicio desfavorable que teníamos de su valor; y las ilusiones acerca de la recolección de pepitas y arenas de oro corría parejas con nuestra belicosidad.

Desembarcamos en la costa sur de San Sebastián, pero no sin precauciones, cuyo resultado verá usted después.

Resolví, en efecto, que Guarzi —un chilote que llamaban así porque había servido a un italiano de ese nombre— quedara de guardia, recomendándole que en caso de alarma disparase tres tiros para avisarnos y hacernos reunir en el embarcadero, y que bajo ningún pretexto abandonase el bote en que íbamos y veníamos de la embarcación fondeada un poco lejos y vigilada por sus tripulantes. Luego, como si se tratara de un escuadrón, dividía el resto de mi gente en dos grupos: Villoc y Wilson harían cateas por un lado, y Antonio y yo por otro, durante todo el día. Por la noche nos replegaríamos a bordo, para no dormir a la intemperie. Hacía bastante frío aún, y el viento nos atería. Salimos a lo largo de la costa en distintas direcciones, y durante dos días hicimos numerosos agujeros en la arena, ensayando ésta con las chailas ...

¿Que qué son chailas? Pues unas fuentes de madera, redondas y muy chatas, instrumento primitivo para el lavado del oro. En el fondo tienen unas ralluras. Las llena usted de arena, les imprime un movimiento circular bastante rápido, y el oro, por su propio peso, va a depositarse en las ranuras. Es el instrumento más grosero, pero era el único que teníamos ...

Los ensayos no dieron resultado. Encontrábamos, sí, algunas partículas, algunas escamitas, pero no en cantidad suficiente para que el yacimiento pudiera explotarse con ventaja. Sin embargo, perseveramos; es decir, perseveramos menos de medio día más, pues la catástrofe nos esperaba.

El tercer día salimos muy de madrugada y nos pusimos con ahínco al trabajo, que no debíamos abandonar hasta la hora del almuerzo.

—De pronto, fatigado —ya hacía mucho que estaba doblado en dos sobre

la arena— levanté la cabeza para tomar aliento ...

No puede usted figurarse mi sorpresa y mi angustia, al ver varado en

la playa y envuelto en llamas, el bote de la Luisa.

¿Quién lo había varado? ¿Quién le había puesto fuego? ¿Guarzi? ¿los indios? ... No podía explicármelo. ¿Qué objeto hubiera tenido Guarzi?

¿Cómo se habrían atrevido a acercarse los pusilánimes indios, viéndolo de guardia, y a nosotros relativamente cerca? ¿Lo habrían asesinado de un flechazo, antes de que sospechara su presencia?

Mientras hacía estas conjeturas, o mejor dicho, pasaban por mi imaginación como un relámpago, disparé tres veces el winchester, a cuya señal acudieron mis compañeros a toda carrera. Yo corrí también en dirección al embarcadero, donde minutos después nos reuníamos los cuatro.

¿Y Guarzi?

¿Y Guarzi?

El guardián no estaba cerca del bote incendiado, ni vivo ni muerto, pero en cambio quedaban las huellas inequívocas de que los onas habían pasado por allí: faltaban tres de los seis remos, la boza, los toletes ...

Nuestro primer pensamiento fue el de que Guarzi había sido asesinado o que se lo habían llevado los indios... Pero como también podría haber huido al aproximarse los incendiarios, y hallarse oculto, resolvimos hacer de

nuevo la señal antes de tomar otro partido ... Al tercer disparo vimos al chilote salir de entre unas malezas que había hacia el cabo San Sebastián, y dirigirse corriendo hacia nosotros.

—¿Qué ha pasado, Guarzi? ... Los indios ... —le grité agitado cuando estuvo cerca.

—¿Qué indios? —preguntó sorprendido y asustado, deteniéndose y mirando a un lado y otro...

Solo entonces vio el bote que los compañeros trataban de salvar pero que se hallaba ya en un estado lastimoso ...

—¡Ah! ¿no sabes, canalla? ¿Qué has estado haciendo?

Entonces me confesó que se había alejado del bote y acostado entre la maleza para dormir un rato. Los indios se habrían acercado, aprovechándose de su sueño...

—¿Está la botella de guachacay? —pregunté a los compañeros.

—No —me contestaron.

Era indudable que la maldita botella era la culpable de todo.

—Te has ¿no? —grité enfurecido a Guarzi.

—No, ñor; no, ñor.

—¿Y dónde está la botella?

—No sé; los indios la habrán ñor.

Nunca confesó la partida, y yo no insistí mucho, porque era necesario pensar en volver a bordo de la Luisa. Tratamos de llamar la atención de los marineros para que fueran a buscarnos con otro bote, hicimos disparos al aire, encendimos grandes fogatas con pastos, y por —fin logramos nuestro objeto. La gente de a bordo comenzó a moverse, y vimos con satisfacción que se ocupaba de echar la otra embarcación al agua para acudir en nuestro socorro.

Pero en ese mismo instante un grito resonó a nuestras espaldas. Volvimos la cabeza, y en lo alto de la colina vimos destacarse la figura de tres indios envueltos en quillangos, de zorro el del medio y de guanaco los otros.

Nos hablaban en voz alta, e iban acercándose a nosotros con decisión

tranquilidad. Los esperábamos, no temiendo nada de ellos, porque estábamos armados y en mayor número; pero cuando se hallaron a unos ochenta pasos, surgió en lo alto de la colina y comenzó a bajarla, un crecido grupo de indios... eran más de cien ... El asunto se ponía endiabladamente serio...

Preparen las armas, y alerta y mucho ojo, muchachos —dije a los compañeros.

Quedaban todavía de diez a doce tiros en cada winchester, lo que nos permitía vender caras nuestras vidas si, como todo lo hacía presumir, llegaban los onas con intenciones hostiles.

Yo aún no sabía su idioma, pero sí algo de la lengua yagana, en la que les grité que no se acercaran más. Pero o no entendieron o no quisieron hacer caso, y continuaron avanzando, mientras el grupo de retaguardia engrosaba más y más con nuevos contingentes. Bajo los quillangos de algunos veíanse aparecer las puntas de los arcos...

—Hagamos una descarga al aire, muchachos, a ver si se retiran —ordené.

Cinco disparos retumbaron y repercutieron en la colina, pero el avance continuó.

Era evidente que los indios estaban resueltos a atacarnos y que no iban a huir con salvas.

—Apuntemos a los tres primeros —mandé entonces.

Estaban ya a unos cincuenta pasos, pues todo esto había ocurrido en un momento. Los winchester se dirigieron hacia los indios.

—¡Fuego!

Uno de ellos cayó muerto; los otros, heridos, se detuvieron.

Pero la formidable columna siguió impertérrita su marcha.

—¡Fuego a discreción!¡y apuntar bien! ...

—Una lluvia de flechas, afortunadamente demasiado cortas —me contestó.

Después de haber hecho tres o cuatro disparos más cada uno de no— sotros, cayeron otros tres onas. El grupo titubeó, se detuvo, y creyéndosenos sin duda con más municiones de las que teníamos, resolvió huir, como en efecto lo hizo con asombrosa rapidez ...

Durante el combate nos alentaba la convicción de que el bote de la Luisa se acercaba a nosotros a fuerza de remo; como teníamos ganada la costa, bien podíamos replegarnos en orden hacia él y embarcarnos manteniendo a los indios, con nuestras armas, a distancia respetuosa. ¡Cuál no sería nuestra sorpresa y nuestro desencanto, cuando al volvernos, y en vez del bote que suponíamos bogando en dirección a la playa, vimos que la Luisa, izadas las velas, nos volvía la popa, y navegaba hacia la salida del puerto! ...

Gritamos, hicimos señales, vociferamos desesperadamente; todo fue inútil; media hora después la goleta se perdía de vista ...

Los tripulantes, asustados por el número de los indios, y aunque desde su fondeadero nada tuvieran que temer, habían emprendido la fuga.

Y ahora ¿qué hacemos? —preguntó Antonio.

¿Qué hemos de hacer sino esperar? —contesté— . La goleta ha de venir a buscarnos esta misma noche, o mañana cuando más tarde.

—¡Se han ido de flojos! —murmuró Wilson.

—¿Y ji yega a no venir, ñor? —agregó Guarzi, que indudablemente no las tenía todas consigo.

—¡Bah! ¡tiene que volver! —exclamé, aunque me asaltara un temor vago de que nos hubiesen abandonado.

Nos sentamos en la playa, y las horas pasaron en la muda contemplación del lugar por donde había desaparecido la goleta. Así llegó la tarde y sobrevino el crepúsculo.

Hay que arreglarnos de cualquier modo para pasar la noche. Hoy ya no vendrán ...

Y elegimos para acampar una lomita, donde nos acomodamos como pudimos, después de examinar los cadáveres de los seis indios: el que menos,
tenía dos balazos; uno presentaba cinco heridas. La puntería había sido buena;¡pero qué resistencia, qué duros de caer eran los tales onas! ...
Resolví que se montara una guardia continua, relevándonos cada tanto tiempo. Aunque no me tocara, yo velé durante el turno de Guarzi, que fue el primero, porque después de lo ocurrido no confiaba en su vigilancia; creo que los otros tres compañeros, aunque tendidos, hicieron lo que yo, por la misma causa...
Teníamos mucho frío y mucha hambre, porque desde la mañana no habíamos probado bocado y porque no habíamos encendido fuego por no dar señal de nuestra presencia a los indios, que sin duda volverían aprovechando la oscuridad de la noche. Nos lo pasamos dando diente con diente, sin más abrigo que lo puesto. Mucho antes de amanecer estábamos todos en píe, con el estómago pegado al espinazo.
Si habrá venido la goleta ...
Se verían las luces...
Puede ser que las hayan apagado por precaución.
A las primeras luces indecisas de la mañana, cualquier montón de vapores, cualquier sombrita flotante nos parecía el barco... Cuando fue más claro, la inmensa bahía nos apareció desierta, absolutamente desierta ...
El hambre apremiaba, y nos dirigimos a la playa, pasando por el teatro de la lucha del día anterior; nos sorprendió no hallar los cadáveres; los indios, como lo temíamos, habían andado por allí y los habían recogido ...
Después de mucho andar, quiso nuestra buena suerte que encontráramos algunos pescados que la marea había dejado en seco. Hicimos fuego, los asamos, y ya puede usted figurarse con qué satisfacción los hicimos desaparecer.

Entretanto, pasaban las horas en la más angustiosa e inútil expectativa.
Hasta el más confiado de nosotros se había convencido de que la Luisa no volvería.
Resolvimos emprender la marcha hacia el punto poblado que estuviese más cercano, y que era Gente Grande, donde se halla la estancia de míster Stubenrauch, de Punta Arenas.
La isla no tenía entonces tantos recursos como hoy.
Guiados por una brújula de bolsillo que yo llevaba, anduvimos toda aquella tarde, con tanto empeño, que a la noche alcanzamos el ángulo noroeste de la bahía, donde hoy está instalada la comisaría de San Sebastián, que entonces no existía, como tampoco el establecimiento del Páramo, fundado más tarde.
Acampamos para descansar, como la noche anterior, montando la guardia por turnos y sin atrevernos a encender fuego, para que los indios no conocieran nuestro campamento y no pudieran sorprendernos.
Al día siguiente, bien oscuro todavía, nos desayunamos también con pescado asado y unas cuantas almejas, y le aseguro que la conversación no fue muy alegre. Sin embargo, teníamos buen ánimo y esperábamos escapar con bien de aquellas apuradas circunstancias.
—Lo que hemos de hacer ahora —dije a mis compañeros— es recoger todo el pescado y mariscos que podamos cargar, para que no nos falte alimento, y caminar duro, sin detenernos: es preciso llegar mañana a Hombres Grandes.
Lo hicimos así, pero desgraciadamente no nos fue posible procurarnos mucho pescado, y éste necesita comerse en gran cantidad para sostener las fuerzas y tranquilizar el estómago durante algunas horas.
No perdimos, pues, el tiempo, y a eso de las cinco de la mañana ya estábamos en marcha, para no detenernos hasta mediodía. Hicimos alto cerca de una lagunita, Wilson encendió fuego y comenzó a asar los pescados, y los demás nos sentamos a descansar en rede-

dor. La provisión mermó de una manera lamentable, sin que por eso comiéramos según nuestro apetito; era necesario economizar aquel alimento insuficiente.

Una hora después volvimos a emprender la caminata, hambrientos todavía, pero afortunadamente sin extraviarnos, gracias a la brújula de bolsillo. Sin embargo, era muy entrada la noche cuando nos detuvimos, y no me parecía que estuviéramos cerca del fin de nuestras penurias.

Comimos, reservando dos pescados para el día siguiente, y nos acostamos a dormir con las mismas precauciones de las noches anteriores, pero desanimados y tristes, extenuados por la fatiga y el hambre, que ya comenzaba a hacerse sentir. Cerca ya de amanecer y estando de guardia, oí los ladridos cercanos de un perro. ¿Se aproximaban los indios? ¿Era un perro Me incliné a creer lo primero, y llamé a los otros, que inmediatamente se pusieron en pie, empuñando el winchester ... No se volvió a oír nada ...

—En marcha, de todas maneras —dije.

Era prudente, porque los onas podían andar por las cercanías y atacarnos otra vez. Además, urgía llegar a poblado, porque dos pescados para cinco personas, sin pan ni otros elementos comestibles, equivalían a bien poca cosa, pues un kilo de carne hubiera valido más. Y a mediodía este último recurso se consumió también ...

En el trayecto no habíamos encontrado una sola pieza de caza, a no ser un guanaco, sobre el que había hecho fuego Villoc, sin darse cuenta de que estaba fuera de tiro, con el ansia de cazarlo. El animal nos miró un momento curiosamente y luego emprendió la fuga, desapareciendo bien pronto hacia el sudoeste.

Marchamos el día entero, pero cada vez con mayor lentitud, porque estábamos rendidos.

A las tres de la tarde tuve una prueba inequívoca de que había acertado al suponer que los indios estaban cerca, y que el ladrido de aquella madrugada era de uno de sus perros. En efecto, hacia el sur, y a cierta distancia, veíanse dos humos que se levantaban en sitios diferentes: los onas se hacían señales, disponiéndose sin duda a estrechar el cerco.

—¡Vamos, vamos muchachos! moverse, que los indios nos siguen la pista.

Todos volvieron la cabeza, y al ver los humos, parecieron recobrar todo su vigor. En un principio aquello no fue marcha sino fuga, pero poco a poco decayeron las fuerzas, y el paso se hizo más lento. El Sol nos cocía después del frío de la noche, el cansancio nos entumecía, y el hambre, aguijoneada por la convicción de que no teníamos qué comer, nos martirizaba el estómago ... Sin embargo, no nos detuvimos hasta que la oscuridad nos impidió seguir adelante. Caímos extenuados, sin aliento, junto a un pequeño riacho que corría más o menos en la misma dirección que llevábamos nosotros. Allí pasamos horas terribles.

De bruces sobre el arroyo, bebimos hasta hincharnos para calmar o engañar el hambre; y no bastando esto, masticábamos pasto, tragando las ásperas fibras leñosas que aplacaban un instante aquel tormento. Nos tiramos en el suelo, pero a pesar de la fatiga no podíamos dormir: apenas nos adormecíamos un poco, cuando despertábamos sobresaltados, con la idea fija en los indios.

A eso de la una de la mañana Antonio, que estaba de centinela, nos habló en voz baja:

—Miren, allá; ¿no ven unos bultos que se mueven?

En rededor se veían, en efecto, pequeñas sombras, más densas que las de la noche, y que iban lentamente de aquí para allá.

—Son los indios —murmuré.

Y, siempre en voz baja, añadí:

—Vamos a hacer fuego todos a un tiempo, y nos retiramos hacia la derecha arrastrándonos por el suelo, apenas se apague el fogonazo, para que no nos hieran con sus flechas.

Hicimos la maniobra tal como lo había dispuesto, pero ni vimos ni oímos nada. Sin embargo, repetimos la descarga desde otro sitio, apartándonos enseguida. Pero no se escuchó ni vio nada tampoco ...

Pasamos el resto de la noche winchester en mano, pero sin nueva alarma hasta el amanecer. Inspeccionamos entonces los alrededores, y no tardamos en encontrar huellas de indios. Uno debió ser herido por nuestros proyectiles, pues en el suelo había un charco de sangre, y un hilo rojo señalaba en el pasto el camino de su retirada. Pero en toda la extensión del horizonte no se veía un solo hombre.

Débiles y hambrientos, emprendimos la marcha, que continuamos todo el día, aguijados por la idea de que los indios iban detrás. Seguimos algún tiempo las orillas del riacho, que luego resultó ser el de Gente Grande, que va a desembocar precisamente en el punto a que nos dirigíamos. Pero pronto nos separamos, para acortar camino ... Mascábamos pasto y bebíamos grandes cantidades de agua pero nuestra extenuación iba naturalmente en aumento, y pronto nos sería imposible dar un paso ... Por fin llegó la noche, acampamos, y descansamos algunas horas.

Cuando echamos a andar al día siguiente, mis compañeros parecían sufrir mucho más que yo, aunque estuviera verdaderamente hecho pedazos. Guarzi sobre todo, Guarzi cuya torpeza y descuido nos habían puesto en tan terrible situación, sentíase aniquilado, cosa extraña en él, pues los chilotes están hechos a privaciones de toda especie, y el hambre los conoce... Iba bamboleándose como un ebrio.

Al mediodía comenzó a quejarse y banle los ojos como si tuviera fiebre, y una manera horrible ... a decir a la cara cosas incoherentes; brilláse le había demacrado de I-ó me pegaría un —decía a cada instante alzando el winchester, que llevaba medio a la rastra.

— Este se está volviendo loco —observó Wilson.

—I-ó méi de matar —repetía Guarzi.

Me parece que le tenemos que quitar las municiones —dijo Antonio.

—Sí, quíteselas —le contesté.

Guarzi opuso resistencia, pues tenía la idea fija de matarse, pero logramos desarmarlo sin mucho trabajo por fortuna.
Cada vez caminaban mis compañeros con más lentitud. Era necesario empujar a menudo a Guarzi, que iba casi arrastrándose, para que no se quedara atrás.
—¡Vaya, ánimo, compañeros! ¡Ya no estamos lejos del Estrecho! —exclamé, para infundirles nuevos bríos.
Según mis cálculos, debíamos estar cerca, en efecto, aunque no mucho.
Pero añadí:
—Si no lo alcanzamos esta misma tarde, mañana por la mañana estaremos en él.
Por la noche, sin embargo, aún no teníamos indicio alguno de su proximidad. Acampamos medio muertos de fatiga.
El día siguiente nos aguardaban nuevos tormentos.
Hasta entonces no habíamos tenido que sufrir la sed pero en aquella larga etapa, que hicimos bamboleantes, no hallamos un sorbo de agua siquiera. Ya supondrá usted cuánto sufrimos, qué pensamientos nos agitaban, qué angustias nos oprimían... Solo a la noche encontramos una lagunita, sobre la que nos echamos como bestias, bebiendo agua y barro al mismo tiempo, casi hasta reventar ...
Como a tres millas del charco salvador, levantábase una colina bastante alta, desde la que, sin duda, se vería el Estrecho. Pero era imposible dar un paso más. Estábamos desfallecidos, presas de la fiebre, con el mareo espantoso de la debilidad que hacía bailar vertiginosamente a nuestra vista cuantos objetos nos rodeaban. En vano tratamos de aplacar el hambre masticando raíces. La fiebre aumentaba, y extrañas y horribles ideas se apoderaban de nosotros... Uno propuso que nos sorteáramos, pero apenas comenzó a formular su pensamiento, cuando lo interrumpí indignado, diciéndole que me encargaba de matar como a un perro a quien se atreviese a sugerir siquiera la idea de un festín de caníbales. Pero veía en sus ojos, y en los de mis compañeros, que si el hambre

apuraba más, no iba a poder cumplir mi amenaza, porque se me hubieran anticipado, y era uno contra cuatro...

A la madrugada comenzamos a andar ¡de qué manera! hacia la colina, que nos parecía lejana y casi inaccesible. Nos habriamos arrastrado milla y media, cuando hallamos otra lagunita en que nos detuvimos a beber. Nadie decía una palabra. Nadie hacía un movimiento. Pasamos así más de media hora, casi agonizantes. Pero haciendo un esfuerzo supremo me puse de pie.

—¡Vamos! —dije tartamudeando—. No nos podemos morir aquí, tan cerca del fin del viaje. ¡Valor! ¡y andando!

Pero los otros no se movieron. Rogué, supliqué, todo fue en vano. Entonces los hice levantar a culatazos, a pesar de sus miradas de odio, y de que agarraran su winchester con los dedos crispados, prontos a matarme. Estaban completamente locos, pero una fugaz energía los hizo ponerse en marcha.

En una hora no habíamos caminado mil pasos, cuando de pronto un estampido nos volvió súbitamente a la vida. Era un tiro de fusil. Levantamos las cabezas que se inclinaban irresistiblemente hacia el suelo, y vimos...

¡No, es imposible que usted suponga nuestro júbilo! ... Vimos como a media milla, un hombre que, escopeta en mano, nos hacía señas y caminaba rápidamente hacia nosotros. Fuese quien fuese, era la salvación.

Prorrumpimos en un grito que nos salió del fondo del alma, y completamente anonadados por la alegría, caímos sentados en el suelo, fijando ávidamente los ojos en aquel ser para nosotros sobrenatural en tan terrible momento. El hombre no tardó en llegar. Era un minero del Porvenir que andaba de caza. Llevaba un par de magníficos cisnes que acababa de matar, y cuando estuvo cerca nos gritó:

—¡Eh! ¿De dónde vienen?

—¡Nos estamos muriendo de hatnbre! —contestamos, sin hacer caso de su pregunta.

Nos dio los cisnes, que Antonio y Wilson se pusieron a desplumar, mientras que Villoc encendía fuego, y yo ponía a aquel hombre al corriente de lo sucedido.

—¡Bien, pues, se han salvado! —exclamó al fin—. Porvenir está a dos millas de aquí. Coman un poco primero, y luego los llevaré a casa de Pablo Durán.

Los cisnes, medio crudos y sin sal, fueron materialmente devorados, y con alegría en el corazón nos pusimos en camino, llegando poco después a la casa, cuyo dueño nos recibió con toda bondad. Tres días pasamos allí, reponiéndonos un poco de nuestros padecimientos y fatigas, y al cuarto se nos presentó la oportunidad de regresar a Punta Arenas, a bordo de la goleta Anita, que frecuentaba aquellos parajes donde, además del lavadero de oro «Porvenir», de Pablo Durán, nuestro generoso huésped, existían varios de alguna importancia, como «Marta», de Thomas Saunders, «La Esperanza», de mister \X'olff, y otros que durante el verano exportaban de diecisiete a veintiún kilos de oro, y el plantel de la estancia de míster Stubenrauch.

Aquella misma tarde llegamos a Punta Arenas, donde causamos una desagradable sorpresa al dueño de la goleta Luisa, que nos había abandonado tan indignamente, y que no había vuelto aún. El relato de nuestra travesía a pie sorprendió e interesó al pueblo entero, que quería vernos y pedirnos detalles con insaciable curiosidad.

Solo entonces me preocupé del desastre pecuniario de nuestra expedición minera. Volvíamos sin un grano de oro, después de tan tremendos percances; había yo perdido mi empleo, y no teníamos recursos.

Me presenté a la autoridad, formulé la protesta del caso contra el patrón de la Luisa, pidiendo en mi nombre y en el de mis compañeros una indemnización por daños y perjuicios, y esperé la llegada de aquel que bahía estado a punto de ser causa de nuestra muerte.

Llegó por fin, y se enredó en mil explicaciones y disculpas, que de nada le valieron. Dijo que se le había roto la cadena del ancla —la primera se había perdido en Dungeness— y no teniendo lista otra, tuvo que darse a la vela para no irse sobre la costa. Que después que salió de San Sebastián, los vientos contrarios le habían impedido volver en busca nuestra, etc.

A pesar de su labia, tuvo que pagarnos la indemnización, insignificante pero salvadora, realidad irrisoria al lado de nuestros ueños de fortuna de un mes antes, cuando organizábamos la expedición.

Pelo y pluma

—¡Buenas noches, contramaestre! Buena nevada, ¿eh?

Los techos de la Subprefectura y el presidio, los caminos, el campo, todo estaba cubierto de una espesa capa de nieve, blanca y seca, que la Luna iluminaba con resplandor mate, con una luz fría, sin destellos, melancólica y monótona. Los árboles verdes parecían empolvados con harina, y en la cuesta de los montes la sábana blanca se veía salpicada de manchas oscuras como agujeros. El viento estaba en calma, y aunque la temperatura exterjor fuera muy baja ya, la placidez de la atmósfera la hacía soportable. Había nevado el día entero, a intervalos, y al cerrar la noche, más oscura aún por los densos nubarrones que iban a desaparecer en breve, la memoria repetía por instinto los versos del poeta:

> ... Lentamente
> la nieve silenciosa, descendiendo
> del alto cielo en abundantes copos,
> como sudario fúnebre cubría
> la amortecida tierra. Cierzo helado
> sacudía los árboles desnudos
> de verde pompa, pero no de escarcha
> y sacudidos por el recio choque
> parecían lanzar en las tinieblas
> los rudos troncos lastimeros ayes...

—Buena para ser la primera —contestó Margan.

Entramos en mi habitación, para sentarnos «al amor de la lumbre», beber el café, no tan bueno como bien caliente, y contar él y escuchar yo algo interesante respecto de la recolección de huevos de pingüin, la caza de diversos animales, y las costumbres más o menos curiosas de algunos de ellos. El contramaestre comenzó con la primer taza y con su cuenta:

Todos los años, e invariablemente en el mismo día, comienza la postura.

El pingüín hembra es como un calendario infalible: no se equivoca jamás.

Por nuestra parte, y conociendo esta costumbre, nos habíamos ocupado los días anteriores en reunir las latas vacías de kerosene que rodaban por ahí, y en arreglarlas convenientemente con alambre y filástica para poder colocarlas a la espalda a modo de mochilas. El 21 de octubre preparamos los pocos víveres qué íbamos a llevar: tcino, grasa, café, sal y azúcar y los útiles, que no eran sino un caldero para calentar agua, y una sartén.

Al amanecer, los veintidós hombres que componíamos la expedición, cada uno con un par de latas y parte de los víveres, estábamos listos para emprender la marcha.

El campamento de los pingüines está situado sobre el Atlántico, un poco más al este que San Juan, y puede llegarse a él por dos caminos: yendo en bote hasta fuera del puerto, doblando la punta para ganar la roca llamada del Castillo, y trepando desde allí por la costa que parece un despeñadero. Pero esto solo es practicable cuando el mar está muy tranquilo, pues por poco que se agite rompe furioso contra las rocas, poniendo en peligro a la embarcación y a los que la tripulan. El segundo camino es más penoso, pero está abierto en todo tiempo. Se atraviesa la costa que está frente a la Subprefectura, se trepa la loma, y se camina unas dos millas y media ... nada más.

Aquella mañana el tiempo no estaba bueno, y tuvimos que adoptar ese último itinerario, más arduo, pero más seguro.

A las cinco y media de la mañana estábamos ya en la falda de la loma, que se eleva a unos Seiscientos pies sobre el nivel de la bahía, y comenzamos a treparla. La ascensión es muy fatigosa, pues el declive es rapidísimo y las piedras que se desprenden al paso de los que van adelante hacen peligrar las canillas de los que marchan detrás. A las seis y cuarto, después de algunos altos para tomar

aliento, llegábamos a la cima, desde donde se domina la Subprefectura y el faro. Hasta entonces habíamos andado entre las ramas de los árboles y los arbustos que crecen en las colinas, pero íbamos a tener que cruzar un campo extenso cubierto de juncos y pasto duro, que a milla y tres cuartos limita un pequeño cerro; el terreno esponjoso por la turba y los musgos, cedía bajo nuestros pies, dificultando la marcha; pero hora y media después alcanzamos el cerrito, comenzando a bajar por la vertiente opuesta, boscosa como la primera y cubierta por manchas del pasto llamado que nos ocultaba por completo, pues alcanza a dos metros de altura.
Con todo, al cabo de tres cuartos de hora vimos los dos rocas que tienen cierta semejanza con un castillo y que han motivado el nombre del promontorio, y pocos minutos después llegábamos al sitio en que habíamos hecho campamento en años anteriores.
Dos de nosotros fueron a buscar agua para hacer el café, mientras íbamos a la requería a comenzar la cosecha de huevos.
Enorme es el número de los pingüines que se reúnen allí, escalonados en orden de batalla, grotescos y tontos. Son de la especie que los chilenos llaman pájaro-niño, y andan apoyándose en las puntas de las alas, o se quedan en pie, erguidos, moviendo a un lado y a otro la cabeza, graciosísimos, como una caricatura de gaucho con chiripá. Ocupan todo el despeñadero, que allí tendrá unos 700 pies de alto por 250 de ancho, y se les ven en filas horizontales, superpuestas, y tan apretadas que con un tiro de fusil pueden matarse muchos a la vez ... Un verdadero asesinato.
Aprovechan cualquier cosa para hacer su nido; las quebrajas de la piedra, los mechones de pasto, las excrecencias de la roca. ¡Pero qué nido! Un poquito de barro formando un montículo de diez centímetros de alto, con un pequeño hueco en el centro, seco o mojado, en que depositan sus huevos de un blanco azulado, y algo mayores que los del pato.
El pájaro-niño es del tamaño de un pato criollo, tiene el pecho blanco, el lomo negro azulado, el pico agudo y rojo, y tras de los oídos se le ven cuatro plurnitas amarillas de dos centímetros de

largo. Desde el 20 de octubre hasta el 5 de noviembre la hembra pone de cinco a seis huevos como los descriptos, que son bastante apetecibles, pues apenas tienen sabor a marisco; se aprovecha solo la yema; la clara, que no se endurece en el agua hirviendo, es muy espesa, desagradable e indigesta.

Poco se come la carne del pájaro-niño, que es más dura aun que la de foca, y con gusto pronunciado de marisco en descomposición; los mismos indios de la Tierra del Fuego, a cuyas costas llega arrastrado por los temporales, lo desdeñan, y solo comen el pellejo con la grasa que está adherida a él, asándolo a un fuego vivo. He probado muchas veces ese plato, que, en efecto, no es muy desagradable y se parece algo al pato demasiado gordo.

El pobre animal es muy valiente y defiende los huevos con ardor, valiéndose de su pico, que suele dar mordiscos bastante dolorosos.

—¿Y los otros pingüines? —pregunté, interrumpiendo al narrador.

Tenemos, además, el de cueva, que habita principalmente los islotes y promontorios que rodean la isla. Es algo más grande que el otro, y anda en el mar siempre en parejas. Se distingue del pájaro-niño por una faja circular negra que tiene sobre el pecho blanco. Arriba y abajo de los ojos tiene un arco y no lleva plumitas amarillas. Pone en las cuevas que encuentra, y no forma toquerías.

El tercero, el pingüín real, se ha extinguido casi en la Isla de los Estados. Solo se le encuentra en dos sitios: en Pengüin Rockery y en la pendiente de Bahía Franklin que mira al norte. Es mucho mayor que los otros, y puesto en pie alcanza a la respetable altura de un metro y veinte. Tiene el pecho blanco y el lomo negro azulado, como el primero, pero su plumaje es más tupido y parejo, por lo que obtiene precios muy superiores. Lleva además un copete de plumas amarillas, azules y blancas, su pico es muy agudo, dentado como la boca de los tiburones, y con él produce a sus enemigos heridas dolorosas y de curación difícil. El comandante Piedrabuena casi los ha exterminado en las grandes cacerías que hizo en aquellos parajes, restos de los cuales vi el 85 en Bahía Franklin

—calderas, etc.— como hoy se encuentran todavía ruinas de casas en Pengüin Rockery. El pingüín real es tan escaso ahora, que apenas se encuentran ni aun en la época de la postura; solo una vez, en 1892, encontré doce juntos en Pengüin Rockery. Pero parece que aumentan poco a poco —gracias a que no se les persigue— en Bahía Franklin, donde ya en 1894 había más de cien. ¿Por dónde íbamos? ...

Llegaban los expedicionarios a la requería.

—¡Ah, sí! Había ya en cada nido uno o dos huevos, entre los que podíamos elegir, sin temor de equivocarnos, los recién puestos, que están completamente limpios, mientras que ya los del día anterior se han cubierto de una segunda cáscara con el barro del nido, pegado y endurecido sobre ellos. En un momento juntamos algunas docenas, con las que una comisión culinaria se fue al campamento para hacer una tortilla —la de la primera sección— mientras el resto continuaba la recolección, tan fácil cuanto fructífera.

Cuatro o seis docenas de yemas y un poco de tocino y sal, forman un buen almuerzo para seis hombres, con eso y una jarra de café quedamos satisfechos. Desocupada la sartén y el caldero, reemplazaba otra tanda a la que acababa de almorzar, mientras ésta se ponía al trabajo. Así, almorzando y recogiendo huevos, ya a las once estaban llenas las 44 latas.

Puede usted hacerse idea de lo que significa eso, sabiendo que en cada lata caben de 120 a 130 huevos, y que como tienen la cáscara muy delgada, muchísimos se rompen. Nunca bajan de seis mil que sacamos en estos verdaderos y sin embargo, no se nota sensible disminución en los pingüines al año siguiente.

Los pobres animales tratan de oponerse al robo, y atacan a sus agresores, que los ahuyentan fácilmente a haciéndolos rodar cuesta abajo como una avalancha que se engrosa a medida que desciende con los pingüines que encuentra al paso... No deja la recolección de ser peligrosa también para los hombres, pues un paso en falso, una piedra o una mata que se desmoronaran, en un descuido, podrían hacerlos rodar como los pingüines, pero con la circunstancia agravante de que no llegarían vivos al mar ...

»Por fortuna no ocurrió accidente alguno aquella mañana, y a las once y media emprendimos el viaje de regreso. Tardamos más de tres horas en llegar a la cima del monte que está frente a la Subprefectura, y la bajamos cayendo y levantando, abrumados por la carga y precipitados por lo empinado de la cuesta. Solo a las cinco de la tarde llegamos a San Juan...

—Ya que en eso estamos —dije al ver que había terminado su relato—, cuénteme algo, contramaestre, a propósito de las focas.

Margan, que liaba un cigarrillo de tabaco patria, no se hizo de rogar.

—Aquí en la isla —comenzó— se conocen sobre todo focas, o lobos, como se llaman vulgarmente, de dos clases: el lobo de un pelo, que abunda en la costa norte, y el de dos, que solo se encuentra al sur, y ya en pequeña escala. Se estima poco la piel del primero, pero puede utilizarse en muchos artículos. Al macho le decimos lobo-león, porque tiene una abundante melena; alcanza a cuatro metros y medio de largo desde el hocico a las aletas traseras. Cuando descansa sobre las rocas levanta la parte anterior, como si se incorporara, y llega así a tener una altura de metro y medio. Es muy cariñoso y horrible y sangrientamente celoso; abraza y besa a la hembra, hace el amor como los hombres, pero disputa con un valor y un encarnizamiento indomables la soberanía de su familia. Combate frecuentemente con otro macho, formándoles círculos las hembras, como espectadores, y ese duelo no tiene fin sino con la muerte de uno de ellos: rara vez se obtiene —casi nunca, mejor dicho— una piel de macho que no esté acribillada a mordiscos. El serrallo de cada uno de estos señores tiene por lo menos cincuenta odaliscas ...

»Los lobos de un pelo se tienden durante el día sobre las rocas planas que les sirven de refugio siempre a sotavento. Por la mañana temprano y a la tarde se echan al mar y pescan recorriendo los matas de cachiyuyo que se extienden a lo largo de la costa ... Como las toquerías están menos pobladas en verano que en invierno, supongo que en la época de los calores emigran hacia el sur.

»El lobo de dos pelos, cuya piel se estima más que la de la foca de los mares árticos, tiene las mismas costumbres del otro, pero el macho es más pequeño y sin melena. Su número ha disminuido mucho, porque los loberos que lo cazan clandestinamente no reparan en la estación y lo hacen aunque sea durante el celo, matando hembras, machos, chicos y grandes... Así, mientras en 1884 se podían faenar, solo en la isla, más de 22.000 animales, hoy se lograría apenas la décima parte... Al norte no hay una sola roquería frecuentada por estas focas; en la costa sur existen, en cambio, catorce.

»En tiempo de invierno, y cuando reinan temporales del sur, suele encontrarse en nuestras aguas alguno que otro ejemplar de foca así llamada por su bramido ... Se distingue de las otras por los colores de la piel, pues tiene el lomo ceniciento y el vientre blanco. Llegan a nuestras costas en una extenuación tal, que es muy fácil cazarlas, pero como vienen rara vez, solo se han obtenido cuatro en los seis años últimos.

»La caza del lobo de dos pelos es interesante.

»Las goletas loberas van a fondear cerca de las roquerías, y desprenden de su costado los botes balleneros de dos proas, construidos especialmente para poder atracar con alguna seguridad a la costa erizada de piedras.

»Salen los botes provistos de carne salada, agua, café, azúcar, leña y galleta para algunos días, fusiles de repetición, garrotes de roble, cuchillas, etc., y se dirigen a la toquería, a cargo de un timonel-capataz y tripulados por siete o nueve marineros.

»Cuando han llegado atracan a la costa con mucha cautela, para no ahuyentar a los lobos medio dormidos. El proel desembarca silenciosamente de un salto, y toma los víveres y las ájmas que le alcanzan los demás, aprovechando el momento en que la ola pone el bote al nivel de la roca. Los demás saltan a su vez, uno tras otro, cuidando de hacer el menor ruido posible, menos dos que se quedan a bordo y alejan inmediatamente la embarcación para que no se estrelle contra las piedras.

»Por muy en calma que esté el tiempo, siempre hay alguna mar de leva, que hace muy difícil esta operación, tan sencilla al describirla. Saltar del bote a la roca lisa y como enjabonada por el cachiyuyo, y eso en un instante preciso, matemático, cuando la ola llega a su mayor altura y el bote está sobre la roca, mientras los remeros ciando impiden que se haga añicos ... es mejor para contado que para hecho ... Un resbalón puede hacer caer al que no ha tenido la vista bastante segura, el pie bastante firme y los músculos bastante elásticos) entre la roca y el bote que lo aplastará en sus vaivenes, o dejará que la resaca lo golpee contra las piedras. En cuanto a los remeros, ¡qué puños!, y al timonel, ¡qué sangre fría! ... La vida de sus compañeros, la suya propia, depende de un ademán, de un golpe de remo, de una voz de mando...

»Desembarcados, por fin, los loberos se agazapan circularmente alrededor de las focas para cortarles la retirada: para ello tienen que deslizarse rápida y sigilosamente, con movimiento combinado y simultáneo, de manera que cuando los lobos se aperciban de su presencia, ya sea tarde para escapar ...

»Comienza entonces el ataque con un tiroteo convergente de los rifles de repetición —winchester por lo general—, que espanta a los animales y mata a muchos: el resto trata de ganar el agua, pero se les ha cerrado el paso, continúa haciéndose fuego sobre ellos, y al fin, bramando lastimosamente, se retiran hacia las cuevas, si las hay en la toquería, o hacia los peñascos más altos, arrastrándose bastante de prisa, ayudados por las aletas.

»La matanza verdadera, el exterminio va a empezar. Mientras uno o dos, los mejores tiradores, quedan con el winchester para matar algún macho bravo que ponga a alguno en peligro, o para evitar la fuga de los más ágiles, los otros loberos echan mano de los palos y avanzan sobre las focas. Cada garrotazo bien asestado en el hocico, causa una víctima. El puñal la ultima, dándole la El suelo queda pronto sembrado de cadáveres. Apenas si dos o tres logran escapar, precipitándose al agua desde alguna roca a pico. En menos de media hora, 200 o 300 lobos yacen ensangrentados, muertos a los pies de los cazadores ...

»Inmediatamente se procede a desollados, tarea que los loberos hacen

con pasmosa rapidez, dejando para lo último los lobos de un pelo que han caído mezclados con los otros, y que tiran a un lado como cosa de poco valor. No importa que los animales respiren aún; los afilados cuchillos desprenden la piel, después de abrirla de arriba abajo, por el lomo, y conservando la grasa a ella adherida —y la arrancan de aquella carne caliente, palpitante, viva.

»Los primeros 40 o 50 cueros son embarcados en el bote, que los lleva a la goleta, donde se desengrasan y salan, poniéndolos en barriles, mientras la faena continúa en la toquería, sin más descanso que el tiempo necesario para tomar un trago de aguardiente o un jarro de café, salvo cuando algún temporal impide el trabajo.

»A veces, en requerías apartadas de fondeaderos seguros, las goletas se

alejan después de desembarcar a su gente, para volver en su busca algunos días después. Pero el mal tiempo suele ser cruel con los loberos, que a menudo tienen que aguardar más de lo previsto, y sufren verdaderas miserias cuando se les concluyen las pocas proviiones que han llevado consigo. Entonces, y cuando el hambre apura, hay que apelar a la carne de lobo, y hasta sin cocer...

»Esto último sucedió en 1883, cuando Juan Silva, un tal Germán y seis hombres tuvieron que permanecer nueve días y medio en una requería, al sur de la Isla Navarino.

»El café les duró tres días, la galleta, cuatro, el agua cinco y la leña un día más. Después comieron carne de lobo cruda ...

»Al octavo día, uno de los loberos se tiró al agua para tratar de alcanzar a nado la Isla Navarino, que distaba unas dos millas. No se volvió a saber de él...

»Al noveno, los infelices estaban casi locos por falta de agua, y cuando apareció la goleta San Pedro, que los había llevado, y no pudo volver antes en su busca, hallábanse tan postrados, que no podían moverse. Uno murió a bordo de extenuación. Los demás fueron reponiéndose poco a poco.

»Y no crea usted que semejantes pellejerías sean bien compensadas. ¡Al contrario! El lobero no gana sueldo, sino que tiene que ajustarse a los resultados obtenidos. Del producto de las pieles se aparta un tanto por ciento para el armador, otro para el capitán, otro para el piloto, etc... El resto se divide por partes iguales entre los demás. Pero ese resto es muy exiguo, pues antes se ha descontado el importe de los víveres, las municiones, etc. Por regla general no gana sino el armador, que se ha quedado tranquilamente en su casa, mientras los otros arriesgaban el pellejo ...»

—Usted debe conocer muy bien los animales de la isla, después de tantos años de permanencia —dije a Margan.

—¡Oh! regular, y no como un naturalista —contestó—. Tengo los datos que cualquier marinero podría tener ...

No importa, hábleme de ellos; aunque no sea científica, su descripción será interesante ... quizá más por eso mismo ...

Conozco cuatro clases de shags o cormoranes. Uno de pecho blanco y oídos blanquecinos, otro de pecho blanco, oídos azulados y cresta negra con puntas amarillas. Estas dos clases anidan en requerías extensas, en los promontorios e islotes cercanos a la isla. Hacen sus nidos sobre guano dejado de años anteriores, que alcanza a un metro de altura; los forman con algas muy delgadas que ellos mismos extraen del fondo del mar. Ponen cinco o seis huevos, comenzando en los primeros días de noviembre. Aunque se note su disminución, todavía son muy numerosas, y en una requería triangular de la isla nordeste de Año Nuevo, de siete metros y medio de lado, conté 79 nidos, mientras que los shags serían unos 220. Estas aves se disputan los nidos a picotazos, pues las menos activas quieren ocupar los de las trabajadoras ... Los huevos son del tamaño de los de gallina, pero más alargados y del color de los del pingüín, cuyo sabor tienen también; la yema es más rojiza. Su abundancia es asombrosa: en una estación cargamos cuatro botes, habría en ellos unas cuantas decenas de miles de huevos ... El guano del shag, muy lavado por las continuas lluvias, es pobre. Las otras dos clases son: el shag negro, que tienen blancos los oídos, el shag de roca, de ojos y oídos rojos. Estos anidan en las concavidades de rocas inaccesibles, cerca de la costa, son poco numerosos y más pequeños que los primeros.

»Las avutardas son dos: la de Malvinas —que los ingleses llaman «Kelpgeese» o avutarda de cachiyuyo, porque se mantiene con una alga tierna, el luche de los chilenos— del tamaño de un pato casero. Anda siempre en parejas: el macho es blanco y la hembra negra con manchas blancas. Muchas veces dos hembras siguen al macho, como usted habrá visto, y al volar forman triángulo, yendo el macho adelante. La avutarda de pasto, que los chilenos conocen por caiquén, es del tamaño de un ganso, negra y con manchas blancas. Tiene las patas palmeadas, pero busca su comida —pasto tierno— en las lomas. Anda también en parejas.

»El curioso pato a vapor, que ya habrá encontrado muchas veces, y cuyas alas no le permiten volar, nada en parejas, es grande como un ganso, plomizo, anida entre la yerba de la costa, pone de cuatro a seis grandes huevos, y se mantiene con los caracolillos y mejillones del cachiyuyo. En sus correrías no se aleja nunca más de tres millas de la costa, cuya proximidad anuncia. El pato de mar es más pequeño y anda siempre en bandadas. El de agua dulce, que habita en las lagunas y vive con los gusanillos de la turba, tiene una lista azulada en el extremo de las alas y forma bandadas de quince a treinta individuos.

»Ya conoce usted al albatros, ese inmenso pájaro que de una a otra punta de las alas mide cerca de dos metros y medio. Solo visita la costa cuando hay temporal u horas antes de que estalle, anunciando así el cambio que va a producirse. Entonces vuela muy alto, como si quisiera —ver venir la tempestad, mientras que cuando reina ésta, o cuando el tiempo es benigno, apenas se eleva un metro de la superficie del mar. Su congénere el albatros negro de pico amarillo verdoso, es un tragón de lo que no hay. Suele comer tanto, que permanece horas enteras en el agua sin poder levantar el vuelo.

»Además tiene usted la gaviota blanca, la negra, la gris y la blanca con alas negras. Un gaviotín que llaman "golondrina de mar", blanco y de alas color plomo y una lista negra en el extremo; otro sin lista, con plumas teñidas de rosa como el flamenco, que zabulle precipitándose al mar desde 15 y 20 metros de altura. La blanca paloma de mar; la paloma del Cabo, negra y blanca con dibujos caprichosos que la hacen parecer una gran mariposa; la palomita del tamaño de una golondrina, parda, cuyas alas miden unos diez centímetros de largo, y tiene las patitas palmeadas; otra blanca con alas negras, que vive de pececitos, aguas vivas, etc., y por último la palomita ladrona que se alimenta como las demás, pero que en primavera visita las requerías de shags y aprovecha los descuidos para comerse los huevos; es mayor que las últimas. Hay también una gallareta que se alimenta con lo que arroja a la playa la resaca y anida en troncos huecos.

»El cisne blanco y el de cuello negro visitan en verano la isla. Vienen de Patagonia.

»Entre las aves de rapiña hay dos buitres, uno completamente negro y otro con fajas blancas en el cuello; tres caranchos, uno negro de cabeza pelada, otro negro con manchas blanquecinas y el tercero amarillo oscuro; tres halcones, el gris mayor que una paloma, el amarillento con puntas blancas como la paloma y el otro amarillento también, pero con alas amarillas y una faja negra en la cola y que es del tamaño de un zorzal. Una con puntas negras, y la pájaro negro del tamaño de un cuervo, que fascinado por la luz del faro, se estrella continuamente contra los vidrios ...

»Algunas veces dan contra los cristales con tanta fuerza, que los rompen, como ha sucedido hace poco. El viento apagó las lámparas, hizo añicos los tubos; pero todo pudo componerse en un cuarto de hora, y el faro continuó funcionando ...»

Libros a la carta

A la carta es un servicio especializado para
- empresas,
- librerías,
- bibliotecas,
- editoriales
- y centros de enseñanza;

y permite confeccionar libros que, por su formato y concepción, sirven a los propósitos más específicos de estas instituciones.

Las empresas nos encargan ediciones personalizadas para marketing editorial o para regalos institucionales. Y los interesados solicitan, a título personal, ediciones antiguas, o no disponibles en el mercado; y las acompañan con notas y comentarios críticos.

Las ediciones tienen como apoyo un libro de estilo con todo tipo de referencias sobre los criterios de tratamiento tipográfico aplicados a nuestros libros que puede ser consultado en Linkgua-Ediciones.com.

Linkgua edita por encargo diferentes versiones de una misma obra con distintos tratamientos ortotipográficos (actualizaciones de carácter divulgativo de un clásico, o versiones estrictamente fieles a la edición original de referencia).

Este servicio de ediciones a la carta le permitirá, si usted se dedica a la enseñanza, tener una forma de hacer pública su interpretación de un texto y, sobre una versión digitalizada «base», usted podrá introducir interpretaciones del texto fuente. Es un tópico que los profesores denuncien en clase los desmanes de una edición, o vayan comentando errores de interpretación de un texto y esta es una solución útil a esa necesidad del mundo académico.

Asimismo publicamos de manera sistemática, en un mismo catálogo, tesis doctorales y actas de congresos académicos, que son distribuidas a través de nuestra Web.

El servicio de «Libros a la carta» funciona de dos formas.

1. Tenemos un fondo de libros digitalizados que usted puede personalizar en tiradas de al menos cinco ejemplares. Estas personalizaciones pueden ser de todo tipo: añadir notas de clase para uso de un grupo de estudiantes, introducir logos corporativos para uso con fines de marketing empresarial, etc. etc.

2. Buscamos libros descatalogados de otras editoriales y los reeditamos en tiradas cortas a petición de un cliente.

Lk

Printed in Poland
by Amazon Fulfillment
Poland Sp. z o.o., Wrocław